Eduard Philippi

Die Messen der Stadt Frankfurt an der Oder

Eduard Philippi

Die Messen der Stadt Frankfurt an der Oder

ISBN/EAN: 9783743302532

Hergestellt in Europa, USA, Kanada, Australien, Japan

Cover: Foto ©ninafisch / pixelio.de

Eduard Philippi

Die Messen der Stadt Frankfurt an der Oder

Die Messen

der

Stadt Frankfurt an der Oder

von

Eduard Philippi
Ober-Regierungs-Rathe.

Frankfurt a. O.
Verlag von Gustav Harnecker & Comp.

1877.

Vorwort.

Es ist bisher noch kein Versuch gemacht, die Geschichte der Messen zu Frankfurt an der Oder eingehend darzustellen; in den größeren Geschichtswerken wird kaum der Messen gedacht und in den Stadtgeschichten und Chroniken werden sie nur als Nebensache erwähnt. Was hier näher eingehend hat vorgelegt werden können, ist aus den Acten des Staatsarchivs, der Regierung und der Stadt entnommen, deren Einsicht die Behörden gütigst gestatteten; es ist dadurch ein sicherer Boden gewonnen. Eingehende Kunde von Einzelnheiten gehören nur der neueren Zeit an und erst das neunzehnte Jahrhundert giebt fortlaufende statistische Nachrichten. Die gemachte Darstellung ist deshalb lückenhaft über die Erfolge der früheren Messen, doch war es thunlich, den Blick auf die größeren Ereignisse zu richten, die auf den Handel und besonders den Meßhandel von Einfluß waren. Hierzu gehören: Krieg und Frieden, die national-ökonomische Gesetzgebung, die Industrie und die Verkehrsmittel zur Herstellung der Verbindung zwischen den Verkäufern und Einkäufern. Auf den hohen Werth der Verkehrsförderung macht schon Macaulay in seiner englischen Geschichte aufmerksam, als eins der bedeutendsten Mittel zur Verbreitung der Civilisation, und so hat die Art und Weise, in welcher

Menschen und Waaren zu den Messen kamen, auch auf diese den größten Einfluß geübt; zuerst durch Anlage von Kunststraßen, welche den Waarentransport förderten, aber bald durch die Eisenbahnen überholt wurden; der Personen= und Waaren= Verkehr wurde durch die Dampfwagen ungemein erleichtert und begünstigte anfangs auch die Messen, doch nur für kurze Zeit, denn bald betrat der Handel den Weg der unmittelbaren Geschäftsverbindung zwischen Verkäufern und Einkäufern, die Messen verloren dadurch von ihrer alten Stellung als Knotenpunkt des Waaren=Verkehrs, viele Waaren gehen unmittelbar aus den Händen der Großhändler und Fabrikanten in die Hände der Kaufleute über.

Es ist auch noch anzudeuten, daß durch Jahrhunderte der Meßhandel eine Quelle des Staatseinkommens war und deshalb viele Anordnungen getroffen wurden; dies ist nicht mehr der Fall, der Staat hat jedes Einkommen aus den Messen aufgegeben und so sind sie eine Einrichtung, die allein vom Handel abhängt.

I.
Einleitung in die Geschichte der Messen zu Frankfurt a. O.

Die Märkte entstanden aus dem Bedürfnisse der Menschen, sich Gegenstände zu verschaffen, die sie selbst nicht herstellen konnten, und die Sachen zu verkaufen oder zu vertauschen, welche sie im Ueberfluß besaßen. Die ersten bekannten Spuren dieser Märkte im nördlichen Deutschland zeigten sich im eilften Jahrhundert, wo christliche Geistliche Kirchengemeinden stifteten, die Ackerbau und Viehzucht trieben; für Bedürfnisse, die hierdurch nicht befriedigt werden konnten, mußte der Handel eintreten. Zur Förderung der neuen Gemeinden sorgten die Geistlichen für die Einrichtung von Märkten, das Vorbild dazu lag nicht fern in den länger cultivirten Gegenden. Diesen kirchlichen Grundlagen des Gemeindewesens trat die weltliche Macht hinzu, so auch deren Einwirkung auf die Märkte und wurde deren Bestehen von der Zustimmung der Landesherren abhängig gemacht. Der erste Keim wurde beschützt und entwickelte sich bald mehr bald weniger in den Städten und Dörfern, was mit von der geographischen Lage abhängig war. Es ist ein Zustand des Werdens gewesen; von keinem der alten Märkte läßt sich nachweisen, wann solcher zuerst abgehalten worden ist oder angeordnet wurde; die bekannten ersten staatlichen Bestimmungen enthalten nur die Bestätigungen des schon Bestehenden durch die Landesherren und sind erst meist im dreizehnten Jahrhundert ergangen, so auch für Frankfurt a. O. —

Verdanken so die Märkte ihren Ursprung dem Kleinhandel, wo das Bedürfniß zum Einkaufe trieb, so ist dieser Standpunkt bezüglich der Messen längst verlassen; der jetzige Meßhandel ist der Großhandel, Verkäufer und Einkäufer sind Kaufleute, also Mittelspersonen. Doch ist der Kleinhandel nicht von den Messen verschwunden, er gehört aber dem eigentlichen Meßhandel nicht mehr an.

Die erwähnte landesherrliche Genehmigung genügte einigen Städten nicht und wandten sich deshalb an den Kaiser; für Frankfurt a. M. wird sich dieses daraus erklären, daß sie eine freie Reichsstadt war, und erhielt vom Kaiser Carl IV. im Jahre 1366 das erbetene Marktprivilegium, das erste bekannte dieser Art; durch dasselbe wurden die Märkte, wie sie bestanden, bestätigt mit dem Zusatze: es sollten keine neuen Märkte in der Umgegend errichtet werden, die der Stadt nachtheilig sein könnten, den Meßbesuchern wurde der besondere Schutz des Kaisers versprochen und allen Einwohnern der Stadt die allgemeine Zollfreiheit zugesagt. Nicht so vollständig ist das Marktprivilegium, welches Kaiser Maximilian I. im Jahre 1505 der Stadt Braunschweig bewilligte und wieder eingehend das von demselben Kaiser 1507 der Stadt Leipzig ertheilte, in welchem noch besonders die Niederlage und der Stapel angeführt werden.

Die Märkte wurden im Laufe der Zeit in mehreren großen Städten der Vereinigungspunkt für den Großhandel, besonders in Frankfurt a. M., Leipzig, Frankfurt a. O., Braunschweig, Naumburg a. S. 2c.; später wurden die dortigen Märkte „Messen" benannt und so wird erst 1658 der Markt in Frankfurt a. O. officiell Messe bezeichnet. Nicht mehr kamen stets selbst die Anfertiger der Waaren, sondern bedienten sich auch der Zwischenhändler und die Waaren des fernen Auslandes wurden durch Commissionäre hergeführt; nicht mehr wie anfangs erschienen die Einzelnen, um ihren persönlichen Bedarf zu befriedigen, sondern Kaufleute erwarben größere Waarenantheile, mit welchen sie in ihrer Heimath den Bedürfnissen genügen konnten. Es traten also auf Seiten der Verkäufer und der Einkäufer Zwischenhändler ein, und dieser Charakter ist den Messen bisher verblieben. Die Messen, als Centralpunkte des Großhandels, lassen sich deshalb auch entfernt mit dem Großhandel der bedeutenden Seestädte vergleichen, wo die überseeischen Erzeugnisse niedergelegt werden, um weiter in den Detail-Handel überzugehen. Dadurch, daß der Meßhandel sich immer mehr dem

Großhandel zuneigte, sind auch manche Gegenstände verdrängt, die früher Bedeutung hatten, wie die Verzehrungsobjecte, die Erzeugnisse der Landwirthschaft, von denen nur Pferde noch Wichtigkeit haben; dagegen nehmen alle Arten von Webestoffen, in neuerer Zeit besonders baumwollene und wollene Waaren, die erste Stelle ein.

Der Meßverkehr hat in der Mitte des neunzehnten Jahrhunderts wohl den größten Umfang erlangt, nie sind früher so bedeutende Waarenmengen in die Meßstädte gebracht als zu dieser Zeit; seitdem hat ein wahrnehmbarer Rückgang stattgefunden, weil der Handel, durch Benutzung der Eisenbahnen, andere Wege betrat. Die Reisenden, mit Waarenproben, suchen in allen Orten sich Bestellungen zu verschaffen und so gehen viele Gegenstände, ohne Vermittelung der Messen, in den Verkehr über. Sollte dieses noch weiteren Fortgang haben, so würden die Messen ernstlich bedroht; anerkannt sind sie eine freie Einrichtung des Handels und so kann nicht erwartet werden, daß von irgend einer Seite Etwas geschehe, um die Geschäfte wieder dahin zu weisen; jeder Händler sucht die ihm am meisten zusagenden Wege.

Während langer Jahrhunderte wurde die Handelsfreiheit überhaupt und auf den Messen nicht beschränkt, wohl weniger aus Grundsatz, als weil es nicht in der Zeit lag, die Gesetzgebung darauf auszudehnen; dann ergingen vereinzelte Anordnungen, um kleinen örtlichen oder persönlichen Verhältnissen Vortheile zuzuwenden; erst im achtzehnten Jahrhundert begann eine Handelsgesetzgebung, hervorgerufen durch die Staatsbedürfnisse, also um höhere Einkünfte aus dem Handel zu beziehen und um, durch Förderung der Gewerbethätigkeit im Lande, dessen Wohlstand zu heben. Erstes führte zur allgemeinen Erhöhung der indirecten Abgaben, Letztes zu den Verboten fremder Waaren zum Verbrauche im Lande, sofern sie darin hergestellt werden, dann weiter zu den Schutzzöllen, durch welche der Eingang fremder Waaren, zu Gunsten der inländischen Industrie erschwert werden sollte. Der Intermediär-Handel, d. h. der Handel im Lande mit ausländischen Waaren nach dem Auslande, war damit nicht untersagt, war aber auch von der größten Bedeutung, besonders nach Polen hin. Die dabei in Anwendung gebrachten Controle-Maaßregeln, zur Verhütung des Schleichhandels, drückten den Meßhandel schwer danieder und da auch bedeutende Kriege hinzutraten, so sank in der letzten Hälfte des achtzehnten Jahrhunderts dieser Handel tief hinab. Erst die Gewährung der vollen Handelsfreiheit und die Wiederkehr eines allgemeinen Friedens in den ersten Jahrzehnten des neunzehnten Jahrhunderts hoben den Handel und die inländische Industrie zu einer früher nicht gekannten Höhe; Fabrikanten und Kaufleute, allein auf ihre eigenen Kräfte verwiesen, arbeiteten sich empor. Das Prohibitiv-System wurde schon 1810 aufgegeben; nicht so das Schutz-Zoll-System, dieses ging in die Gesetzgebung von 1818 mit über, ist aber im Laufe der Zeit größten Theils beseitigt, und wenn sich Einiges noch davon erhalten hat, so liegt der Grund dazu in dem bringenden Verlangen der Industriellen; ein finanzielles Interesse gewähren dergleichen Abgaben nicht. —

Es ist schon bemerkt, daß die Bedeutung der Märkte mit von der geographischen Lage der Orte abhängt, wo sie abgehalten werden, und dieses erweist sich auch bei Frankfurt a. O.; diese Meßstadt liegt im östlichen Theile der Mark Brandenburg, am westlichen Ufer der Oder; wenn dieser bedeutende Fluß auch nur sehr wenig den Handel förderte, so war doch durch die hiesige Brücke, von frühsten Zeiten an, ein wesentlicher Uebergangspunkt für den Handelsverkehr zwischen Westen und Osten hergestellt und ist stets dazu benutzt worden; die alten Landstraßen, die Frankfurt durchschnitten, führten in weiter Umgegend nach den Nachbarländern, namentlich nach Pommern, Polen, Preußen, Schlesien, Böhmen, Baiern, Hessen, Sachsen, Hannover, Holstein und Mecklenburg. Nach diesen Ländern hat sich der Meßverkehr auch gewendet, am meisten nach dem Osten; früher wird auch angeführt, daß Italiener und Franzosen als Einläufer auf den Messen erschienen und später auch Engländer und Türken, in neuster Zeit Amerikaner; stets waren alle deutschen Staaten und Polen vertreten.

Auf die Verbesserung der Landstraßen ist erst gegen Beginn des neunzehnten Jahrhunderts ernstlich Bedacht genommen; bis dahin ist sehr viel über die Schwierigkeiten geklagt, welche sie wegen ihres schlechten Zustandes den Waarentransporten und den Reisenden bereiteten. Das Netz der Chausseen, welches dann Frankfurt umschloß, erleichterte ungemein den Verkehr; doch kaum war dieses schwere Werk vollendet, so wurde es durch den Bau von

Eisenbahnen überholt, der in den vierziger Jahren unseres Jahrhunderts begonnen ist. Die Bahnen von Berlin nach Schlesien und Preußen brachten Frankfurt in unmittelbare Verbindung mit allen anderen Schienenwegen, anfangs mit dem besten Einfluß auf den Meßverkehr, sodann aber benutzte der Handel die neuen Verkehrswege zu seinen Unternehmungen, ohne der Messen dabei zu bedürfen. —

Als zuerst von den Märkten in Frankfurt a. O. geredet wurde, handelte es sich um eine kleine Stadt mit wenig tausend Einwohnern, die sich durch Ackerbau und Handel ernährten, auch fehlten die Handwerker nicht. In der Mitte der Stadt befand sich schon der große Markt und in dessen Mitte das Rathhaus; im Norden war die städtische Niederlage aufgebaut, wo sich, wie in den Häusern am Markt, die Räume zur Niederlegung der Meßgüter befanden, denen die messentlich aufgerichteten Buden hinzutraten. Frankfurt erweiterte sich später durch Vorstädte, die keinen wesentlichen Antheil an dem Meßhandel genommen haben, und durch die östlich gelegene Dammvorstadt, wo stets die Pferde- und Viehmärkte abgehalten worden sind. Seit den großen Veränderungen in der Kriegsführung verloren die Befestigungswerke ihre Bedeutung und sind im neunzehnten Jahrhundert ganz eingegangen; die Vorstädte erweiterten sich, besonders in der Umgegend des Bahnhofes und des Dammes, so daß jetzt über vierzigtausend Einwohner gezählt werden.

Man wird sich wohl kein unrichtiges Bild von dem Meßverkehr machen, wenn man annimmt, daß im dreizehnten und vierzehnten Jahrhundert in der Vorhalle des Rathhauses, in der Niederlage, in mehreren Markthäusern und Buden die Waaren zum Verkaufe ausgelegt wurden; jetzt wird das Rathhaus nur wenig dazu benutzt, die Niederlage besteht nicht mehr, wohl aber dienen alle Häuser am Markt, dann die meisten in der Ober-, Scharrn-, Richt-, Tuchmacher- und Jüden-Straße diesem Verkehre, ohne andere auszuschließen; in vielen Häusern sind auf den Höfen große Bauten für Niederlagen gemacht; auch die Buden werden noch auf dem Markte errichtet und dienen dem Kleinhandel. Die zuerst hergeführten Waaren bestanden aus Tuchen, die besonders in der Mark und in der Lausitz gefertigt wurden, dann auch in Sachsen und in Schlesien; diesen trat die Leinwand theils aus der Mark, theils aus

Sachsen und Schlesien hinzu; Felle, Leder, Pelzwerk, Honig und Wachs wurden besonders aus Polen hergebracht; schon früh wird der Handwerker-Waaren gedacht, besonders der Waaren der Tischler, Stuhlmacher, Schmiede, Kesselmacher, Schuhmacher 2c., die Höker brachten Verzehrungsgegenstände; die Pferde- und Viehmärkte waren bedeutend, nicht blos die Märker, sondern die Polen und Pommern führten ihre Heerden her. Hiermit sind die ersten Meßwaaren, ihre Ursprungsorte und die Verkäufer bezeichnet. Mit großen Beschwerden zogen die Letzteren auf den schlechten Landwegen heran; Mancher wird seine Waaren auf dem Rücken hergebracht haben, die Zunftgenossen in den Städten vereinigten sich zur Benutzung von Wagen zu ihren Waarentransporten. Von den Polen ist es bekannt, daß sie ihre Rohproducte zu Wagen herbrachten und ebenso die eingekauften Fabrikate zurückführten, sie waren schon damals Zwischenhändler. Die frühsten Einkäufer waren Personen, welche ihre eigenen Bedürfnisse befriedigen wollten, dann sind Kaufleute eingetreten, die, wie erwähnt, für die Heimath sorgten und den Zwischenhandel einführten; es bildet dieses den Großhandel und ist als der eigentliche Meßhandel zu betrachten.

Gegen Ende des sechszehnten Jahrhunderts, wo viel von französischen seidenen und wollenen Waaren die Rede ist, bezeichnet ein noch aufbewahrter Bericht des Frankfurter Magistrats als Einkäufer und Verkäufer Personen aus den Niederlanden, aus England, Frankreich, Savoyen, Italien, Würtemberg, Böhmen, Polen, Schlesien, den deutschen Reichsstädten, Wien und anderen Orten; es muß daher der Meßbesuch ansehnlich gewesen sein und doch sind gewiß viel weniger Waaren als im neunzehnten Jahrhundert hergeführt, wo die Fortschritte in der Fabrikation mit Maschinen die Menge der Waaren so sehr vermehrte. Gegenwärtig liefern die Länder des Zollvereins Beiträge aller Art Waaren zu den Messen, aus England werden baumwollene Waaren und auch wohl Tuche, aus Frankreich seidene und feine wollene Stoffe und aus der Schweiz feine baumwollene Gewebe hergebracht, doch sind diese Zufuhren stets im Abnehmen. Als Einkäufer finden sich Kaufleute aller Nationalitäten ein, darunter auch wohl Türken. Dieser Großhandel schließt aber den Kleinhandel oder Jahrmarkt-Verkehr nicht aus, so in der ersten Woche den Pferdemarkt, in der zweiten den Schuhmarkt

(Schusterdienstag) und in der dritten den Topfmarkt; hierauf kann aber hier nicht weiter eingegangen werden, wegen der Unbedeutendheit der Sache.

Auch der Spediteure ist zu gedenken, die besonders vom achtzehnten Jahrhundert an erwähnt werden, gewiß aber schon früher ihre Geschäfte betrieben haben; für die Verkäufer nehmen sie die hergesandten Waaren in Empfang, sorgen für deren Unterbringung, amtlichen Abfertigung und Rücksendung; für die Einkäufer besorgen sie die Absendung der Waaren, für Beide oft auch Geldgeschäfte. Diese Spediteure sind in Frankfurt ansäßig, doch pflegen solche zur Meßzeit auch von Leipzig herzukommen.

Nach dem dreißigjährigen Kriege hatte sich langsam die Gewerbethätigkeit wieder gehoben, theils durch eigene Kraft, theils durch französische Emigranten, die in Preußen eine neue Heimath gefunden hatten. König Heinrich IV. von Frankreich hatte 1598 das Toleranz-Edict zu Nantes erlassen und Ludwig XIV. hob dasselbe 1685 auf; viele Tausende gewerbthätiger Einwohner wurden dadurch gezwungen, Frankreich zu verlassen und durch ihre Kenntnisse von der Fabrikation hoben sie den Gewerbebetrieb in ihren neuen Wohnsitzen. Auf den Meßverkehr blieb dieses nicht ohne Einfluß, zu den längst bekannten Waaren traten als neue Waaren inländischer Fabrikation in den Handel: Gold- und Silberwaaren, Tressen, Spitzen, Stickereien, seidene und feine wollene Gewebe ꝛc., wie sie der Luxus forderte. Später traten noch Kaffee und Zucker, über Hamburg und Bremen bezogen, hinzu. Gegen Ende des achtzehnten Jahrhunderts entwickelt sich der Meßhandel mit englischen baumwollenen Waaren mit ungewöhnlicher Raschheit; früher wurde dieser Gegenstand, als Luxusartikel, besonders aus Ostindien bezogen, dann wandte England die Maschinen-Spinnerei auf Baumwolle an und so verbreitete sich der Gewerbszweig auch über Frankreich, Deutschland, Schweiz ꝛc.; die baumwollenen Waaren gehören jetzt mit zu den wichtigsten Meßartikeln, denn der tägliche Gebrauch erfordert dieselben.

Wendet man sich vom Handel und der Industrie zu anderen Verhältnissen, welche auf die Messen bedeutenden Einfluß ausüben, so sind es weniger die Handelskrisen, als Krieg und Frieden wie auch die Gesetzgebung. Der Krieg, der früher die persönliche Sicherheit so sehr bedrohte, bringt stets Armuth ins Land, beschränkt die

Einkäufe und erschüttert den Credit, dessen der Meßhandel so sehr bedarf; wohlthätig stellt sich dem der Frieden gegenüber. Der dreißigjährige Krieg hatte die Messen fast vernichtet und mehr als ein halbes Jahrhundert ging darüber hin, ehe der Verkehr sich wieder hob. Höchst nachtheiligen Einfluß übte der siebenjährige Krieg und nicht minder die im Beginn des neunzehnten Jahrhunderts und 1870 gegen Frankreich geführten Kriege; es mangelten die Zufuhren und die Einkäufer hielten sich zurück.

Neben diesen gewaltsamen Ereignissen stellt sich das Civilrecht, die Landespolizei und die Finanzverwaltung. Das Civilrecht hat zu keiner Zeit einen größeren Einfluß geübt, doch finden sich im Landrecht (II. 8. §§. 105—107) die Bestimmungen, daß dem Landesherrn allein das Recht zusteht: Messen und Märkte zu bewilligen, auf denen Inländern und Fremden der Verkauf ihrer Waaren zusteht; eine Einschränkung dieser Freiheit wird nicht vermuthet, sondern muß durch landesherrliche Verordnung nachgewiesen werden. Weiter findet sich die Bestimmung (I. XV. §. 44), daß demjenigen, welcher Sachen auf den Messen und Märkten kauft, die Rechte eines rechtlichen Besitzers zustehen sollen; bei Vindicationsklagen hat derselbe Anspruch auf vollständigen Ersatz. Das allgemeine deutsche Handelsgesetzbuch vom 24. Juni 1861 (Gesetzs. von 1861 Nr. 27) enthält keine besonderen Bestimmungen über den Meßhandel, woraus zu entnehmen ist, daß die Handelsgeschäfte auf den Messen ebenso, wie alle anderen Handelsgeschäfte, behandelt werden sollen.

Die Landespolizei tritt, besonders durch die Meßordnungen, den Messen näher, sie sind mit der Finanz-Verwaltung gemeinschaftlich erlassen. In diesen Ordnungen sind Bestimmungen über die inneren Angelegenheiten der Messen getroffen, wie: die Ueberweisung der Meßprozesse an ein bestimmtes Gericht, der Lokalpolizei an den Magistrat; es werden ferner dadurch die Meß-Verwaltungs-Behörden fiskalischer Seits eingesetzt und deren Geschäfte bestimmt, so auch die Dauer der Meßzeit, die Meßabgaben ꝛc. — Der Antheil der Landes-Finanzverwaltung an den Meß-Ordnungen entsprang besonders daraus, daß man die Messen als eine Einrichtung betrachtete, aus welcher dem Staate ein Einkommen zufließen müsse; dieser Standpunkt ist in neuerer Zeit verlassen, von dem eigentlichen Meßverkehr werden keine Abgaben mehr gefordert, wenn auch bisher ein kleiner Ersatz der Kosten, welche die Messen der Finanz-Verwaltung veranlaßten, und auch diese Beiträge hören im Jahre 1877 ganz auf. Früher ging man hierin sehr weit, denn neben den sehr verwickelten Zöllen und Accisen wurden hohe Meßabgaben beansprucht, von denen die Zahlung der allgemeinen Landesabgaben nicht befreite; jetzt werden nur die fremden Meßgüter mit den allgemeinen Landesabgaben belegt. Von den früheren indirekten Abgaben eine kurze Uebersicht zu geben, ist zu schwierig, denn sie waren für den ganzen Staat nicht gleich, sondern für jede Provinz, selbst für jede Stadt besonders bestimmt; die Zahlung dieser Abgaben an einer Hebestelle befreite nicht von deren Zahlung an der nächstgelegenen. Die Accise wurde von den eingehenden, durchgehenden und ausgehenden Gegenständen gefordert, besonders von Verzehrungsobjekten und Handelswaaren, auch Bier, Branntwein und Mehl waren der Accise unterworfen und selbst manche Grundstücke im Stadtfelde. Schon von der Mitte des funfzehnten Jahrhunderts an ist es bekannt, daß im Brandenburgschen die Accise erhoben worden ist, deren Tarife sehr oft verändert wurden; 1818 ist diese Abgabe ganz abgeschafft, doch traten andere Arten von Abgaben an deren Stelle. Der Zoll mußte beim Ueberschreiten der Provinzial-Grenzen beim Ein-, Aus- und Durchgange von allen Waaren und von den Transportmitteln erlegt werden, unter diesem Namen wurden auch noch Abgaben für die Benutzung der Land- und Wasserstraßen, der Brücken und Schleusen gefordert und herrschte bei Anlage der Hebestellen die größte Willkür. Die Grenzzölle erschwerten den Verkehr zwischen den Provinzen, die Erhebung der andern Arten von Zöllen war oft den Städten und Grundbesitzern überlassen, Frankfurt selbst hatte das Erhebungsrecht eines Land- und Wasserzolls, der erst 1818 abgelöst wurde und wofür noch jetzt der Staat eine ansehnliche Entschädigung leistet.

Die großen Handelskrisen haben keinen besonderen Einfluß auf den Meßhandel, der immer nur wenige Tage dauert; Verkäufer und Einkäufer besuchen unter dem allgemeinen Druck die Messen und nur das macht sich mitunter bemerklich, daß zur Zeit der Krisen das Angebot größer ist, als in günstigen, ruhigen Zeiten.

Es soll noch die Aufmerksamkeit auf den höchst nachtheiligen Einfluß der unrichtig verwendeten national-ökonomischen Gesetzgebung, bezüglich der Messen, gelenkt werden; der Handel wurde dadurch aufs Tiefste erschüttert, die Fabriken machten nur geringe Fortschritte, weil sie zuviel von der Staatshülfe erwarteten; die wieder gewährte freie Thätigkeit führte zum Besseren.

Allgemein betrachtet liegt hier für den Meßhandel das Bild des Werdens, des Wachsens, des Rückgangs und des Wiederaufblühens vor, ohne die Befürchtung des nochmaligen Rückgangs auszuschließen. Der Staat hat seinen früheren Einfluß auf den Meßhandel ganz aufgegeben, die Messen sind blos Angelegenheiten des Handels und vom Standpunkte der Handels- und Finanz-Politik steht ihnen, wie ursprünglich, die volle Freiheit zu; doch damals wohl unbewußt und jetzt als Nothwendigkeit anerkannt, da bittere Erfahrungen erwiesen haben, daß eingreifende Gesetze weder den Handel noch die Industrie heben.

II.
Die Gesetzgebung bezüglich der Messen zu Frankfurt an der Oder.*)

Es ist bekannt, daß seit mehr als sechshundert Jahren Märkte oder Messen in Frankfurt a. O. abgehalten worden sind; in den ersten vier- bis fünfhundert Jahren forderte der Staat nur ein sehr geringes Einkommen von denselben, ohne Verordnungen zu erlassen, die wesentlich in die Handels-Verhältnisse eingegriffen hätten. Im achtzehnten Jahrhundert trat aber neben dem Bedürfnisse, ein größeres Einkommen vom Meßhandel zu beziehen, das nationalökonomische Streben hinzu: schnell die innere Gewerbethätigkeit zu heben, nicht blos durch deren Unterstützung aus Staatsmitteln, sondern auch durch Verbote und Erschwerung des Verbrauchs fremder Fabrikate, wobei die Zollgesetzgebung wesentliche Dienste leisten mußte. Haben auch das Prohibitiv- und das Schutzzoll-System einen etwas fördernden Einfluß auf die innere Gewerbthätigkeit geübt, so hatten sie doch wegen Uebertreibung die nachtheiligste Einwirkung auf den Handel und auf die Messen. Das Prohibitiv-System hat keine lange Dauer gehabt, die Schutzzölle treten allmählich zurück, ohne ganz beseitigt zu sein. Das neunzehnte Jahrhundert brachte die alte Handelsfreiheit zurück, durch welche der allgemeine Handel und der Handel auf den Messen wieder erblühte und die inländische Gewerbethätigkeit erlangte, durch sich selbst, eine früher nicht gekannte Bedeutung.

---

*) Die im Folgenden eingeklammerten Zahlen (1.) verweisen auf die hier beigefügte Uebersicht von den wichtigeren Gesetzen und Verordnungen für die Messen zu Frankfurt a. O.

Nachdem die Landesherren den Meßhandel mehr und mehr zur Erhöhung ihres Einkommens benutzten, mußten von den Meßgütern nicht blos die allgemeinen Landesabgaben an Zöllen und Accise entrichtet werden, sondern auch die stets gesteigerten Meßabgaben. Ueber diese Letzten finden sich Tarifbestimmungen aus dem siebenzehnten Jahrhundert, durch welche nur geringe Anforderungen gemacht wurden; mit jeder Tariferneuerung erhöhten sich aber die Ansprüche und sehr erheblich unter der vom Könige Friedrich II. eingesetzten Regie (1766). Unter Friedrichs nächsten Nachfolgern wurden diese Abgaben wohl ermäßigt, aber stets mehr und mehr in die ungünstige Verbindung mit dem Prohibitiv-Systeme gebracht.

Die Einrichtung der früheren indirecten Abgaben war sehr verwickelt, nicht blos in Preußen allein, sondern im ganzen Deutschen Reiche und in Frankreich, wo unter Ludwig XV. neun verschiedene Arten von Taillen, Aiden, Gabellen 2c. erhoben wurden; das erste Gesetz für eine einfachere und gleichmäßige Besteuerung aller Theile des preußischen Staats ist das treffliche Edict vom 7. September 1811; von da ab sind stets Fortschritte in der Finanz-Gesetzgebung gemacht, die auch die Messen betrafen. Auf dieser Grundlage erging auch das Zollgesetz vom 26. Mai 1818 und schlossen sich daran die Zollvereins-Gesetze und die Vereins-Verordnungen. An der Spitze dieser Gesetzgebung steht der Grundsatz des freien Handels mit inländischen und ausländischen Gegenständen, wenn auch von den Letzten die Eingangs-Abgaben entrichtet werden müssen. Unter der Aegide der Handelsfreiheit sammelten sich große Mengen von Waaren auf den Messen, zumal anfangs die Gesetzgebung so weit ging: den fremden Meßgütern einen Theil der Zölle zu erlassen, was jetzt aber nicht mehr stattfindet.

Es ist hier wiederholt anzuführen, die Messen sind eine freie Einrichtung des Handels, denen keine besonderen Lasten auferlegt, aber auch keine besonderen Begünstigungen zu Theil werden sollen.

Der Entwickelung der Gesetzgebung wird nun im Einzelnen näher getreten werden.

Durch den Brief des Markgrafen Johann von 1253 (1.) wurde der Stadt Frankfurt nicht nur das Berliner Stadtrecht übertragen, sondern sind auch die Niederlage, das Kaufhaus am Markte und die Märkte (nundinae) bestätigt, wie die von Letzten zu erhebenden

Abgaben, nämlich das Standgeld von den Verkaufsstellen, welches Fürst und Stadt unter sich theilen. Es ist dieses die erste Kunde vom Bestehen der Stadt und so auch von ihren Märkten, Beide sind also von frühesten Zeiten an vereinigt. Es ist dabei hervorzuheben, daß durch diesen Brief die Märkte nur bestätigt, nicht angeordnet sind; der Ursprung des Markts bleibt im Dunkeln. Wahrscheinlich sind nach und nach mehrere landesherrliche Verordnungen über die Messen ergangen, denn auf Antrag der Stadt fand sich Markgraf Ludwig b. R. 1355 bewogen, den Margarethen-Markt auf einen andern Tag zu verlegen (2.). Hierdurch zeigte der Fürst seine landesherrliche Gewalt; solche Verlegungen des Anfangs der Messen sind später, auf Wunsch des Handelsstandes, noch mehrere erfolgt, um Unbequemlichkeiten oder die Concurrenz mit anderen Messen zu beseitigen.

In dem Stadtbuche von Tymler von 1516 (3.) wird das Standgeld wieder erwähnt, doch mehr als eine Einnahme der Stadt, als des Landesherrn. Dieses Stand- oder Stättegeld bestand darin, daß jeder Verkäufer für den Ort, an welchem er seine Waaren niederlegte, eine Abgabe entrichten mußte, und dieses ist die Abgabe, welche Stadt und Landesherr unter sich theilten. Wann später die Marktaccise eingeführt worden ist, hat sich nicht feststellen lassen, doch geschah dieses gewiß vor der Mitte des siebenzehnten Jahrhunderts, denn Kurfürst Friedrich Wilhelm ordnete 1656 neue Sätze dafür an (8.), bestimmte 1664, daß sie mit der Stadt getheilt werden sollte (9.) und 1687 erging wieder ein Tarif (10.). Diese letzte Anordnung erließ den Einkäufern die Meßaccise und verminderte den Antheil der Stadt daran bis auf ein Viertel (11.). Die Ansätze in diesen Tarifen scheinen blos auf Herkommen beruht zu haben und erst später nahm man Rücksicht auf den Werth der Waaren, nach welchem Procentsätze in verschiedener Weise gefordert wurden; zuerst überließ man die Schätzung den Handeltreibenden und Beamten, was aber große Unterschleife zur Folge hatte; dann wurden Tarife erlassen, welche den Werth der Waaren festsetzten und wieviel Procente erhoben werden sollten. Die Schätzung geschah nach Stücken, nach dem Längenmaaß und auch nach dem Gewichte In dem provisorischen Meß-Tarif von 1735 ist der Werth eines

Centners baumwollener Waaren zu hundert Thaler angenommen, von welchem 1¼ pCt. erlegt werden mußten.

Das Benehmen der Zoll- und Accisebeamten muß Anfangs des achtzehnten Jahrhunderts sehr unangemessen gewesen sein und zu vielen Klagen Veranlassung gegeben haben, denn durch Patent vom 30. Januar 1737 (13.) befahl der König die Zollplackereien gegen Christen und Juden abzustellen und bedrohte die zuwiderhandelnden Beamten mit einer hohen Geldstrafe. Daß die Juden hier besonders benannt werden, bekundet gewiß deren Wichtigkeit für den Meßhandel. Gleichzeitig wurde eine kleine Abgabenerleichterung im Zolle für die Meßgüter angeordnet. Eine weitere kleine Begünstigung wurde den Meßgütern durch den Accisetarif von 1739 (14.) zu Theil, in welchem bestimmt wurde, daß, wenn den Hebestellen die Frankfurter Accisezettel vorgelegt würden, dann ein Drittel der Meßaccise erlassen werden sollte. Indeß wurden von dieser Begünstigung alle wollenen und halbwollenen Zeuge und Gold- und Silbersachen ausgenommen, die nach Sachsen übergeführt werden sollten; es entsprang dieses aus der Handels-Rivalität der beiden Nachbarstaaten. Durch den Hubertusburger Frieden von 1763 (16.) sollte nicht blos der Landfrieden auch zwischen Preußen und Sachsen hergestellt werden, sondern wollte man mehre kleine Uneinigkeiten, besonders wegen der Messen, beseitigen. Letztes geschah in der Weise, daß Preußen der sächsischen Regierung eine Schrift über die Frankfurter Meßordnung mittheilte, um danach ihre Einrichtungen zu treffen.

Diese sogenannte Meßordnung wurde der brandenburgischen Kammer ebenfalls mitgetheilt, um danach verfahren zu lassen, und findet sich davon eine Abschrift in den Regierungs-Acten; es werden dadurch die Reminiscere-, Margarethen- und Martini-Messen in der Weise bestätigt, wie sie 1649 und 1658 vom Kurfürsten Friedrich Wilhelm angeordnet sind (6. 7.) und sollen die Messen stets am Montag zwölf Uhr Mittags beginnen, auch die Gewölbe und Buden erst dann eröffnet werden; sie werden eingeläutet und Freitags der nächstfolgenden Woche ausgeläutet. Die Dauer der Messen ist also auf etwa zwei Wochen bestimmt; die Commerzianten hätten aber bisher eine Woche länger Geschäfte betrieben, das sei nicht weiter zu dulden. — Die Anordnungen über die Abgaben treten sodann besonders hervor; die inländischen und ausländischen Verkäufer und Einkäufer sollen die Meß-Accise nach den bestehenden Losungssätzen von 2, 6, 10 bis 20 Thlr. nach dem Umfange ihrer Geschäfte und nach dem Meß-Accise-Reglement von 1744 (welches sich nicht hat auffinden lassen) entrichten. Es ist diesem Erlasse jedoch ein Auszug aus dem Grenzzoll-Tarif von 1744 beigefügt, bezüglich der Güter, die zu und von den Messen geführt werden, und wird hier eingeschaltet, um daraus zu ersehen, daß Meßgüter an den Grenzen milder als andere Güter behandelt worden sind, aber mit besonderen Sätzen für die Juden.

Besteuerung der Meßgüter durch den Landzoll vom Jahre 1744.

	Grsch.	Pfge.

Alle Waaren, welche von **christlichen** Kaufleuten zu Lande eingeführt werden, passiren beim Eingange zollfrei, außer den Artikeln, welche nachstehend unter No. I. angeführt sind. Die Juden, woher sie stammen, müssen die Waaren nach I. und II. verzollen, auch die Waaren, die sie eingekauft haben und zurückbringen, nach No. II.

	Grsch.	Pfge.
I. Waaren, welche bei der Entrée zu verzollen sind:		
1. eine viertel Kiste schlesische oder sächsische Leinwand mit	2	—
2. rohes Rindleder zu Lande der Decher	4	—
desgl. zu Wasser	2	—
3. rohe Schaaf- und Ziegenfelle zu Lande der Decher	—	8
desgl. zu Wasser	—	4
4. fremde Tuche das Stück	—	10
Alle Waaren werden von den Kaufleuten beim Ausgange verzollt.		
II. 1. Alle Waaren, die nach dem Gewichte verzollt werden, geben für den Centner	—	8
2. Honig, Heringe, Leinsaat und Thran pro Tonne	—	8
3. rohes Rindleder per Decher	—	8
4. rohe Schaaf- und Ziegenfelle per 100 Stück	1	—
5. der Stein Wolle zu 22 Pfund	—	2
6. Pferde vor einem Wagen pro Stück	1	—
7. Kleinigkeiten geben vom Werthe eines Thalers	—	2

Dieser Tarif war schon 1766 mehrfach verändert, wie aus den Acten hervorgeht; so sind die Eingangs- und Ausgangs-Abgaben, die nach Obigem gleich waren, verschieden festgesetzt; mitunter waren sogar die Ausgangszölle höher als die Eingangszölle. Weiter wurde der sächsischen Regierung mitgetheilt, es wäre den Verkäufern in ihrem Interesse gestattet worden abzureisen, sobald sie die Meß-Accise entrichtet hätten; ben fremden Einkäufern liege es ob: ihre Einkäufe zu deklariren und zu versteuern, es zahlten die inländischen Einkäufer nur ein halbes Procent des Werths als Meß-Accise. — Ueber die inneren Einrichtungen des Meßverkehrs findet sich hiernach sehr wenig, und so hatte denn Sachsen keine Einwendungen erhoben, wie später der Meß-Commercien-Commission mit dem Hinzufügen mitgetheilt wurde, man würde in Sachsen sich bemühen: gleiche Einrichtungen für Leipzig zu treffen, was aber auf die Consumptions-Abgaben keinen Einfluß habe.

Die neuere Gesetzgebung hat die Anzahl der Abgaben zu verringern gesucht, doch ohne deren Ertrag zu mindern, denn die bleibenden Abgaben wurden erhöht, es wurde damit der Geschäftsgang vereinfacht; dieses war in der Mitte des achtzehnten Jahrhunderts nicht der Fall. So wurden in Frankfurt neben den Zöllen und der Meß-Accise noch für die Stadt mehrere Abgaben vom Meßverkehre erhoben, als das Standgeld von den Gewölben und Buden in sechs verschiedenen Sätzen, von 2 Groschen bis 2 Thaler, und dieses ist 1847 wieder bestätigt (39.); ferner das Laternengeld mit 1—2 Groschen von den Verkäufern; das Waagegeld für das Verwiegen der Güter auf der Stadtwaage und das Kram- und Losungsgeld, eine Abgabe, die zwischen der Stadt und der Domainen-Rentei getheilt und nach Observanz von jedem Meßbesucher mit je 2, 4, 6 und 8 Groschen bis zu einem Thaler erhoben wurde und mit zwei Pfennigen von jedem verkauftem Stücke Gubener Tuchs. Eine nicht ganz unwesentliche Erleichterung trat, nach den Acten, hierbei 1766 dadurch ein, daß die Meß-Retourwaaren von der Land-Accise befreit wurden; ungeachtet der großen Anzahl waren die Abgaben nicht sehr hoch. König Friedrich II., der wegen seiner Kriege stets des Geldes mehr bedurfte, führte eine indirecte Steuerverwaltung nach französischer Art und mit französischen Beamten, die Regie, ein; diese warf ihren Blick auch auf die Frankfurter Messen und wollte durch hohe Abgabensätze die Einnahmen vermehren, doch ohne Berücksichtigung des Drucks, der dem Handel dadurch auferlegt wurde. Eine bedeutende Mehreinnahme wurde nicht erlangt, der Meßhandel stockte, die hohen Transitozölle auf fremde Waaren trieben die Handelsleute nach Leipzig, von wo der beschwerliche Weg durch Böhmen nach Polen gewählt werden mußte. Es zeigte sich dieses besonders nach Erlaß des Meß-Accise-Tarifs von 1772 (17.), der in deutscher und französischer Sprache erschien. Der Werth der Waaren war darin hoch angesetzt und sollten danach je der Verkäufer und der Käufer Ein Procent entrichten; den im Lande hergestellten Fabrikaten wurde die Abgabe-Beifreiung bestätigt, um die inländische Industrie zu heben. Wie hoch die Schätzung des Waarenwerths war, geht z. B. daraus hervor, daß der Stab feiner Seidenzeuge zu 2 Thaler, der Stab feiner Tuche zu 3 $1/_2$ Thaler, und baumwollener Waaren zu 16 Groschen angesetzt war. Neben den erhöhten Abgaben wurde das Prohibitiv- und Schutzoll-System immer weiter ausgebildet, von dem die ersten Spuren in dem Einfuhrverbote fremder Zitze und Cattune vom Jahre 1752 (15.) sich finden; die größte Höhe erreichten diese Verbote durch das Avertissement von 1787 (18.), welches nur denjenigen Waaren den inneren Verbrauch gestattete, welche nicht im Lande gefertigt werden, doch den Zwischenhandel mit den verbotenen Gegenständen nicht untersagte. Der Handelsstand führte über diese Beschränkungen die bittersten Klagen, die den König Friedrich Wilhelm II. gleich nach seiner Thronbesteigung veranlaßten: lindernd einzuschreiten, ohne das System aufzugeben. So erging das Reglement von 1788 (19.) für die Meß-Commerzien- und Accisegeschäfte auf den Messen zu Frankfurt a. O., welches die erste eingehende Meßordnung ist und die s. g. Meß-Ordnung von 1766 wesentlich veränderte. Dieses neue Reglement kündigt sich selbst als eine Nothwendigkeit an, um die Klagen über das weitläufige und beschwerliche Abfertigungs-Verfahren bezüglich der Gefälle-Erhebung für die Meßfieranten abzustellen. Die desfallsigen neuen Einrichtungen bestanden nach §. 1—8 darin, daß Ein gemeinschaftliches Collegium von Mitgliedern des General-Fabriken- und Commerzial-Departements und des General-Directoriums der Accise- und Zoll-Direction berufen werden solle, wo bisher für jede der beiden Ministerial-Behörden ein besonderes Meß-Collegium eingerichtet war; der Geschäftsgang sollte dadurch vereinfacht werden. Dieses Collegium hatte für das Beste der Landesfabriken zu sorgen und sollte messentlich in Frankfurt zusammentreten; die Accise- und Meßbeamten waren ihm untergeordnet und hatten über den Gang der Geschäfte zu berichten. Hiernach steht die Landesfabrikation in erster Linie. — Nach §. 9 sollen Defraudationen gerichtlich untersucht und bestraft werden, nur kleine Vergehen, wo die Gefälle nicht über vier Thaler betragen, sind von den Beamten mündlich zu entscheiden. Die Paragraphen 10 und 11 bestätigen die drei freien Messen, die Montags nach Reminiscere, Margarethe und Martini beginnen; die erste Woche wird die Budenwoche, die zweite die Meßwoche und die dritte die Zahlwoche genannt. Nach §. 12 darf der Waarenverkauf erst am Dienstag in der Budenwoche beginnen, damit die Einkäufer die Waarenvorräthe übersehen können. Die §§. 13 und 14 heben alle bestehenden landesherrlichen Meßabgaben auf, also auch die für den Transito-Verkehr, über welche soviel geklagt worden war, und wurde an deren Stelle ein neuer Tarif für Eingangs- und Ausgangs-Gefälle bekannt gemacht, der gegen vierhundert Ansätze enthält und in Mylius novus corpus constit. d. a. 1788 No. XIX. abgedruckt ist; aus demselben wird folgender kleiner Auszug gemacht.

Meß-Eingangs- und Ausgangs-Tarif von 1788.

Werth eines Ctrs. Waare Thlr.	Eingangs-Abgabe von	für den Centner Thlr.	Grsch.	Ausgangs-Abgabe von	für den Centner Grsch.	Pfg.
120	Aachener und fremde Tuche	1	5	Kaffee	4	—
600	Seidene Waaren	4	—	Kaffee nach Polen	20	—
150	Baumwollene Waaren	1	12	Farinzucker	6	—
400	Seidene Bänder	4	—	Die Ausfuhr der Federposen ist verboten,		
75	Leinwand	—	18			
25	Leder	—	9	2c. 2c.		
Pfd. 30	Spitzen u. Kanten	—	7¼			

Zur Vereinfachung der Besteuerung und der Abfertigung soll nach § 15 das Bruttogewicht zur Grundlage dienen, weshalb der §. 16 die Waareninhaber auffordert: nur die Waaren zusammen zu packen, welche der gleichen Abgabe unterworfen sind. Dann wendet sich das Reglement in den §§. 17, 18 u. 19 zu besonderen Bestimmungen über die Theilnahme der Stadt und ihrer Bewohner an den Meßverkehr; der Kaufmannschaft wird dadurch ein kleiner Vortheil zugewendet, daß sie die Meß-Accise nach einem früheren, niedrigeren Tarif entrichten solle; die anderen Einwohner müssen die Güter nach dem bestehenden Tarife veraccisen, die Handwerker und Professionisten haben keine Abgaben von ihren selbstgefertigten Waaren zu entrichten. Der Magistrat verliert durch die neuen Einrichtungen einen Theil seines Einkommens und soll dafür entschädigt werden, was auch bald erfolgte.

Die Formalitäten, welche nach §§. 20—26 zu beobachten waren, sind hier nur ganz allgemein zu betrachten und erscheinen sehr lästig für den Waaren-Eingang und Ausgang; Alles war darauf gerichtet: Defraudationen unmöglich zu machen. Als Einzelnes mag noch angeführt werden, daß den Verkäufern ausländischer Waaren der Detailhandel auf den Messen verboten war und sie verpflichtet wurden, bei dem Abschluß ihrer Geschäfte dem Meß-Collegium drei verschiedene Declarationen vorzulegen, als über die Verkäufe an In- und Ausländer mit Angabe der Verkaufspreise, ferner über die Retourwaaren nebst Angabe des Werths derselben und dann über die am Meßorte verbleibenden Bestandswaaren. Diese Bestandswaaren konnten nach den §§. 27—31 in Privathäusern oder in dem Packhofs-Magazin niedergelegt werden und wurde deren Abfuhr wieder an große Formalitäten gebunden. — Alle Waaren, welche ausgeführt werden und nicht den Werth eines Thalers haben, sind von der Ausgangs-Abgabe befreit, so auch die Güter, die nach den Orten zurückgebracht werden, wo sie hergekommen sind, oder nach anderen Meßorten 2c.

Zu bemerken ist hierbei, daß aus der Gestattung: Bestandswaaren zurückzulassen, das wichtige Contirungswesen sich entwickelt hat und daß durch dieses Reglement keine Veränderungen in dem Prohibitiv-Systeme eintraten, nur Vereinfachung der Abgaben und der Abfertigung wurden beabsichtigt, so wie eine vollständige Zusammenstellung der Vorschriften; doch brachte erst das neunzehnte Jahrhundert Einrichtungen, die den Handel gründlich förderten.

Die Meßordnung von 1788 bestand bis 1810; ehe aber auf diese näher einzugehen ist, muß das Edict vom 12. Septbr. 1800 (20.) angeführt werden, welches die Waaren-Verbote zu Gunsten der inländischen Industrie aufs Neue bestätigte. Wieder wurde die Einfuhr fremder seidener, halbseidener und baumwollener Waaren zur Consumtion untersagt, selbst der Immediär-Handel auf den Frankfurter Messen sollte nicht stattfinden, wurde aber sehr bald wieder frei gegeben; das Zurückbringen inländischer Waaren von ausländischen Messen wurde untersagt, um Einschwärzungen zu verhindern, und danach wurde in den folgenden zehn Jahren verfahren.

Einige Erleichterung erfuhr der Handel durch Aufhebung der Provinzial-Binnenzölle im Jahre 1805 (21.) Neue Waarenverbote brachte der Frieden zu Tilsit im Jahre 1807 (22. 23); Preußen war 1806 der französischen Macht unterlegen und mußte unter allen Bedingungen seinen Frieden schließen. Frankreich war längst mit England im Kriege, und um den englischen Handel zu schädigen, ordnete Napoleon die Continental-Sperre von den Küsten Portugals bis nach Rußland an, allen Waaren, die aus England und aus seinen Colonien stammten, wurde die Einfuhr untersagt. Dieser allgemeinen Maaßregel mußte beim Friedensschluß sich auch Preußen unterwerfen, welchen Nachtheil sie auch dem Intermebiär-Handel der Messen brachte; erst der Krieg von 1813 entfernte diesen Druck.

Im Jahre 1810 wurde eine neue Meßordnung erlassen (24.), die sich dadurch auszeichnet, daß darin das Prohibitiv-System verlassen und allen inländischen und ausländischen Waaren der Zugang zu den Messen gestattet wurde. Von den alten Accisen und Zöllen konnte man sich aber noch nicht losreißen; Spielkarten, Kalender und Salz blieben als Staatsmonopole vom Meßhandel ausgeschlossen, auch wegen des Friedensvertrags die englischen Waaren. Neben der hochwichtigen Aufhebung der Einfuhrverbote wurde, zur Erleichterung des Handels, die Meß-Ausgangs-Abgabe aufgehoben und, zur Förderung des inländischen Gewerbfleißes, allen inländischen Erzeugnissen die Meß-Eingangs-Accise auch ferner erlassen. Die fremden Erzeugnisse hatten die Eingangs-Accise zu erlegen, die ziemlich beträchtlich war, z. B. vom Centner baumwollener Waaren 3½ Thlr., von seidenen Waaren 15 Thlr., von Tuchen 2½ Thlr. ꝛc. Die Grundsätze wegen Freiheit des Handels fanden ihre Bestätigung in dem denkwürdigen Edicte von 1811 (25.), welches für die ganze Staatsverwaltung die wohlthätigsten Neuerungen einführte. Noch in demselben Jahre wurde den Meßbesuchern die Lösung eines Gewerbescheins erlassen (26.) und 1812 den fremden Juden der Meßbesuch wieder gestattet (27.), der in Folge der polnischen Unruhen untersagt worden war.

Mit dem Jahre 1818 trat ein sehr wichtiger Abschnitt in die Gesetzgebung für die indirecten Abgaben ein (28. 26.), mithin auch für die Zölle und Meßabgaben. Die alten Grenzzölle und die Accise wurden aufgehoben und traten an deren Stelle: der Eingangszoll, die Verbrauchssteuer [Beide seit 1827 vereinigt (31.)], ferner eine sehr mäßige Durchgangs- und Ausgangs-Abgabe. Der Eingangszoll wurde an der Grenze mit einem halben Thaler vom Centner für jede Art Waare für das ganze Land erhoben, die hohen Verbrauchssteuern in den Orten, wo die fremden Waaren in den freien Verkehr übergehen sollen; die Durchgangs-Abgaben wurden von fremden Waaren entrichtet, die nur durch das Land gingen, und von den Ausgangs-Abgaben wurden nur wenige inländische Waaren betroffen, die ins Ausland geführt werden sollten. Die Gesetzgebung von 1818 stellt auch eine neue Meßordnung in Aussicht, die am 8. Juni 1819 erlassen worden ist (30.) und wesentlich folgenden Inhalt hat. 1) Es sollen keine besonderen Meßabgaben mehr erhoben, sondern die Meßgüter allein nach dem allgemeinen Tarif besteuert werden; da aber dem Staate besondere Kosten aus dem Meßverkehre entstehen, so sollen hierzu vom Centner ausländischer Waaren ein halber Thaler und inländischer Waaren 2 Sgrsch. beigetragen werden. Diese Abgaben sind nach und nach ermäßigt und betrugen für beide Arten von Waaren nur einen Silbergroschen vom Centner (45.). Von 1877 an ist diese Zahlung auch aufgehoben und werden keine Beiträge zu den Meßunkosten mehr entrichtet (46.).

2) Diese Meßordnung zählt zu den Meßwaaren nur die fremden Waaren aus Baumwolle, Seide, Wolle und Leinen, ferner Leder, Pelzwerk, die Waaren aus Eisen, Kupfer, Messing und an-

bern Metallen, Porzellan, Glas und die s. g. kurzen Waaren; auf diese nur finden die Bestimmungen Anwendung; doch sind andere Waaren vom Meßhandel nicht ausgeschlossen.

3) Um den Meßhandel mit fremden Waaren zu erleichtern und den Verkäufern einen Ersatz für ihre Kosten zu gewähren, wurde denselben ein Drittel der Eingangs-Abgaben, als Rabatt, erlassen. Bald erschien diese Ermäßigung zu hoch, wurde nach und nach beschränkt und ist 1869 ganz aufgehoben (32. 43.)

4) Die nach und nach erfolgte weitere Ausbildung des Contirungs-Verfahrens hat für den Handel Wichtigkeit erlangt; es besteht darin, daß alle zu den Messen gebrachten fremden Waaren declarirt, revidirt und die Abgaben davon berechnet werden sollen; diese amtlichen Ermittelungen werden in ein Register eingetragen. Nach Beendigung der Messe hat der Waareninhaber nachzuweisen: welche Art und Menge seiner Waaren zum Verbrauch im Lande verkauft sind und diese müssen vollständig versteuert werden, worauf die Löschung im Conto erfolgt; ferner muß nachgewiesen werden: welche Güter ins Ausland geführt sind, und auch diese werden im Conto gelöscht; der Theil der Waare, welcher unverkauft im Lande verbleiben soll, bleibt im Conto stehen bis zum Nachweise, daß solcher in eine öffentliche Niederlage gebracht ist; wegen der Abgabe wird erst dann eine Bestimmung getroffen, wenn die Waare im Lande verkauft wird oder ausgeführt werden soll. Diese Contirung bezog sich anfangs nur auf hochbesteuerte Waaren, ist aber durch die Cabinetsordre von 1831 auf alle Gegenstände ausgedehnt, von welchen mehr als 15 Sgr. vom Centner entrichtet werden müssen (33). Der Vortheil, der für die Waarenbesitzer hierin liegt, ist, daß ihnen die freie Disposition ohne Abgabenzahlung verbleibt, diese wird erst gefordert, wenn eine feste Bestimmung über den Verbleib der Waare getroffen worden ist.

5) Von den als Meßgüter bezeichneten Waaren werden ferner diejenigen ausgeschlossen, von denen an Eingangszoll und Verbrauchssteuer zusammen nicht über zwei Thaler vom Centner gezahlt werden.

6) Versteuerte ausländische Waaren werden wie die inländischen behandelt.

7) Ueber die Bestrafung von Defraudationen und Contraven-

tionen werden keine besonderen Vorschriften ertheilt, sondern wird deshalb auf die Anordnungen der Zollordnung verwiesen.

8) Die Geschäfte der Meßverwaltungs-Deputation wurden der Regierung in Frankfurt übertragen und sind von dieser auf die im Oktober 1876 neu errichtete Provinzial-Steuer-Direction in Berlin übergegangen.

Diese Meß-Ordnung von 1819 unterscheidet sich von den früheren durch folgende wichtige Bestimmungen: die Messen werden nicht mehr als eine Einrichtung betrachtet, welche Beiträge zum Staatseinkommen liefern sollen, sondern als ein freies Unternehmen des Handels, und so sind auch manche Formalitäten, zur Erleichterung des Verkehrs, beseitigt. Das dem Handelsverkehr so zusagende Contirungswesen wurde erweitert, alle Handelsverbote waren längst aufgehoben. Es hatte sich die Meßordnung ganz der Zollgesetzgebung von 1818 angeschlossen; da aber von 1830 an die Unterhandlungen mit den Nachbarstaaten, wegen des Zollvereins, begannen und bald zu Ende geführt wurden, so schien es nothwendig, auch die Meßordnung deshalb in Betracht zu ziehen und es erging die revidirte Meßordnung für die Messen zu Frankfurt an der Oder vom 31. Mai 1832 (34.).

In den Zollverträgen und den Vereins-Verhandlungen hielt man den Grundsatz fest, die Messen seien nur ein Unternehmen des Handels, und so wie dem Handel keine vermeidlichen Schwierigkeiten bereitet werden dürften, ebenso wenig dürften ihm besondere Begünstigungen zugestanden werden; besonders ward darauf gedrungen, den Meßrabatt abzuschaffen (36.). Der Zollverein bestätigte die in seinen Grenzen liegenden Messen zu Frankfurt a. O., Leipzig und Naumburg (35.). Eine weitere Bestimmung dieser Verträge geht dahin, daß die Unterthanen sämmtlicher Vereinsstaaten auf den Messen wie die eigenen Unterthanen behandelt werden sollen (37. 42.). Auch die preußische allgemeine Gewerbe-Ordnung von 1845 (38.) setzt die gleiche Behandlung aller Besucher von Messen, Jahr- und Wochenmärkten fest und daß Jedem der Verkauf und Einkauf gestattet sei. Nur als Repressalie wird dem Minister überlassen, hiergegen Beschränkungen anzuordnen; bei der Rückbringung unverkaufter Waaren finden ebenfalls keine Beschränkungen statt. In den Handels- und Zoll-Verträgen mit Oesterreich vom 19. Februar 1853 war angeordnet, daß zur Erleichterung des gegenseitigen Verkehrs für diejenigen Waaren eine Befreiung von den Eingangs-, Ausgangs- und Durchgangs-Abgaben stattfinden sollte, welche aus einem der verbündeten Staaten zu den Messen und Märkten der anderen, oder zum sonstigen ungewissen Verkaufe gebracht, aber unverkauft zurückgeführt würden, nur Verzehrungs-Gegenstände waren von der freien Rückbringung ausgenommen. Man gestattete also, wenn Waaren aus Oesterreich in den Zollverein gebracht und unverkauft zurückgeführt wurden, den abgabenfreien Wiedereingang, so auch für die aus dem Vereine nach Oesterreich geführten Waaren die freie Rückbringung in den Verein. Es blieb dieses auch nicht auf Messen und Märkte beschränkt, sondern wurde auch auf Waaren ausgedehnt, die versuchsweise wegen Verkaufs über die Grenzen gebracht waren, doch unter Controlen (40.). Ganz Gleiches wurde 1856 mit der Hansestadt Bremen verabredet (41.), und in dem Handels- und Zollvertrage mit Oesterreich von 1865 nicht nur die Verabredung von 1853 bestätigt, sondern noch hinzugefügt, es sollten bei dem Besuche von Messen und Märkten zur Ausübung des Handels und zum Absatz eigener Fabrikate und Erzeugnisse in jedem der Theile die Unterthanen des anderen ebenso wie die eigenen Unterthanen behandelt werden (42.). Diese sämmtlichen Bestimmungen finden sich auch wieder in dem Vereins-Zoll-Gesetz vom 1. Juli 1869 (44.).

Um etwas näher in die revidirte Meßordnung von 1832 (34.) einzugehen, wird bemerkt, daß durch dieselbe die wesentlichen Grundsätze der Ordnung von 1819 beibehalten wurden, die Fassung aber sehr verändert ist. Zuerst werden die bestehenden drei Messen in der bisherigen Weise bestätigt und sollen Montags vor Reminiscere, Margarethe und Martini eingeläutet und am dritten Sonnabend ausgeläutet werden. Während der Meßzeit ist es Inländern und Ausländern gestattet, freien Handel in Frankfurt zu betreiben und sich dabei Mittelspersonen und Gehülfen zu bedienen. Personen, welche nicht in Frankfurt wohnen, haben für den Handelsbetrieb während der Meßzeit keine Abgaben an den Staat und die Stadt zu entrichten; doch sind davon Schaustellungen und musikalische Aufführungen ausgenommen, für welche wie bisher ein Beitrag an die Orts-Armenkasse zu entrichten ist. Den Verkäufern steht es frei, ihre Waaren auch meistbietend zu verkaufen; der Handel im Umherziehen bleibt auch während der Messen den allgemeinen Verordnungen unterworfen. Es folgen weiter Vorschriften über das Eröffnen der Verkaufsstellen, das Verpacken der Waaren, das Herumtragen derselben und eine Strafandrohung von fünf Thlrn., wenn dagegen gefehlt wird. Die Verfallzeit der auf unbestimmte Zeit lautenden Meßwechsel tritt am Dienstage der zweiten Meßwoche ein. Die Polizei soll vom Magistrate verwaltet werden, die Streitigkeiten, die aus dem Meßhandel entspringen, sind dem Stadtgerichte (jetzt dem Kreisgerichte) übertragen. Dann wendet sich die Meßordnung den fremden Gütern zu und bestimmt, daß, mit Ausnahme der Verzehrungs-Objecte, alle unversteuerten Sachen, die mit einer höheren Eingangs-Abgabe als einen halben Thaler vom Centner belegt sind, zum Contirungs-Verfahren zugelassen werden sollen, woran eingehende Vorschriften über dieses Verfahren geknüpft sind; die näheren Vorschriften über das Verhalten der Kaufleute und der Beamten bei der Eingangs- und Ausgangs-Abfertigung der fremden Güter, über die Bewilligung des Meßrabatts (33.) werden übergangen, sie sind nur Vorschriften, wie die sächlichen Bestimmungen ausgeführt werden sollen. Die Beiträge zu den Meßunkosten von fremden Waaren werden auf 5 Sgr. für den Centner ermäßigt. Besondere Strafverfügungen wegen Defraudationen und Contraventionen mit Meßgütern werden nicht ertheilt, sondern wird auf die allgemeine Zollgesetzgebung verwiesen. — Zur Führung der amtlichen Meßgeschäfte wurde messentlich ein Meß-Steuer-Amt angeordnet, mit der Befugniß eines Haupt-Steuer-Amts, und dieses der Regierung untergeordnet: außerdem hatte dieselbe eine Meß-Verwaltungs-Commission aus ihren Räthen und dem Ober-Steuer-Inspector anzuordnen, welche befugt war, eine Handels-Commission von Sachverständigen zu berufen, um in zweifelhaften Fällen über den Ursprung der Waaren, deren Beschaffenheit ꝛc. ein Gutachten abzugeben.

Es bleiben noch einige Nachträge zu machen, die sich wohl wesentlich nur auf die Handelsgesetzgebung und die Nationalwirthschaft beziehen, so aber auch einen mittelbaren Einfluß auf die Meßgesetzgebung hatten.

Die frühste den Handel betreffende und bekannte Anordnung

war das Verbot des Königs Sigismund von Polen vom Jahre 1524 (4.), nach welchem seine Unterthanen nicht nach Schlesien und der Mark Brandenburg reisen sollten, um dort ihre Waaren zu verkaufen, wegen des schlechten Geldes; doch blieb es den Schlesiern und Märkern unbenommen, ihre Waaren zum Verkaufe nach Polen zu führen. Von den Polen wurden nur Rohproducte nach der Mark gebracht und dagegen Fabrikate eingekauft; durch jenes Verbot wurde daher der Meßhandel wesentlich beeinträchtigt. Wie lange dasselbe bestanden hat, ist nicht ersichtlich, doch wird dasselbe nur kürzere Zeit aufrecht erhalten sein, da sich keine Andeutungen finden, daß die Polen zurückgeblieben wären.

1535 verbot der Kurfürst Joachim den fremden Gewandschneidern (Tuchhändlern) ihre Waaren auf den Märkten auszuschneiden, nur der Verkauf in ganzen Stücken wurde gestattet; zugleich wurde den Ausländern der Ankauf roher Wolle untersagt (5.); diesem lag nur die Absicht zu Grunde: den inländischen Kleinhandel zu schützen und die inländische Tuchweberei zu unterstützen. — Dann ergingen, nicht als Gesetze, sondern als Anweisungen an die Behörden, einige Anordnungen, die dahin zielten: die Gewerbethätigkeit im Lande zu schützen und zu heben; doch erst 1752 wurde das allgemeine Verbot (15.) erlassen, fremde Zitze und Cattune einzuführen, weil die inländische Industrie diesen Gegenständen sich zugewendet hatte, so wenig diese auch in Blüte stand. Erst etwa zwanzig Jahre später hob in England die Maschinen-Spinnerei diesen Gewerbszweig zu einer ungeahnten Höhe. Dieses Verbot von 1752 ist, soweit sich hat ermitteln lassen, der erste Schritt zum Prohibitiv-System in Preußen, dem später das Schutzzoll-System sich anschloß. Viel weiter ging das Avertissement von 1787 (18.), welches den Verbrauch fremder baumwollener, seidener und wollener Stoffe, sofern sie im Lande hergestellt würden, untersagte; der Zwischenhandel nach dem Auslande war nicht verboten und so wurden jene Waaren noch zu den Messen gebracht. Anfangs übte das Verbot noch nicht den schwersten Druck, denn dem Schleichhandel war noch Raum gelassen; als aber die Finanzbehörde hiervon Kenntniß erhielt, ward zu den strengsten Controle-Maßregeln gegriffen und die Zufuhr und der Zwischenhandel fast unthunlich gemacht. Diese Verbote und Beschränkungen sind im Einzelnen mehrfach verändert; gegen Ende des achtzehnten Jahrhunderts waren zur Einfuhr für den inneren Verbrauch verboten: alle Gegenstände, die zu den Monopolen gehören, ferner elfenbeinene Kämme, englische Fayance, Steingut, Porzellan, goldene und silberne Tressen, verschiedene seidene Stoffe, Plüsche, Sammt, mehrere Arten baumwollener Waaren und Kupferwaaren; verboten war die Ausfuhr von Pottasche, rohen Federn, Hörnern, Lumpen, thierischen Abfällen, aus denen Leim bereitet wird, Wolle und wollenen Garnen. So eingehend dieses auch scheint, so blieb in der Ausführung doch Manches zweifelhaft und am 12. September 1800 (20.) wurde ein noch eingehenderes Edict erlassen; das Ziel, welches durch dasselbe erreicht werden sollte, war allein die Hebung des inländischen Gewerbfleißes, selbst auf Kosten des so wichtigen Handels mit dem Auslande. Diese Zurücksetzung des Handels hatte den nachtheiligsten Einfluß auf den Meßverkehr, denn mit Ausschluß der gesuchten fremden Waaren fehlte den Käufern die Auswahl und sie zogen sich zurück. Schärfer war nie das Verbot der Consumtion fremder Waaren ausgesprochen worden und nie sind strengere Controle-Maßregeln wegen des Intermediär- und Transito-Handels erlassen, nur um die inländische Industrie zu heben und so den Wohlstand. Bei diesem Druck auf den Handel machte es sich im Meßverkehr auch nur wenig fühlbar, daß 1805 die Provinzial-Zölle aufgehoben wurden (21.) Durch den Frieden zu Tilsit von 1807, der die Handelsverbindungen mit England ganz aufhob, wurden wohl dem Intermediär-Handel Nachtheile zugefügt, doch nicht dem Binnenhandel, denn längst schon waren die englischen Fabrikate für die Consumtion untersagt (22 23.).

Das ganze Staatswesen und somit auch der Handel war 1806 in Preußen auf das Tiefste herabgesunken, der Krieg mit Frankreich schien alle Kräfte gelähmt zu haben und doch lag in diesem Drucke die nächste Veranlassung, neue Bahnen zu betreten; frische Kräfte entwickelten sich und so gelangten Staat und Handel nach langen Kämpfen zu der größten Bedeutung. Hieraus entsprang auch das schon angeführte Edict vom 7. September 1811 über die Finanzen des Staats und des Abgabensystems, dem die Meßordnung vom 15. Mai 1810 vorausgegangen war. Das drückende und wenig fördernde Prohibitiv-System wurde aufgegeben, doch noch nicht die beschwerliche Land- und Meß-Accise.

Der förbernden Gesetzgebung von 1818 und ihres Einflusses auf die Meßangelegenheiten ist schon gedacht, hier bleibt hinzuzufügen, daß durch dieselbe die Schutzzölle nicht beseitigt wurden und nur nach und nach aufgegeben werden; noch jetzt wird über die Schutzzölle für Eisen gestritten. Die Gesetzgebung von 1818 an setzt die Finanzzölle an die erste Stelle und was sehr bemerkenswerth ist, obgleich sie im Laufe der Zeit sehr herabgesetzt wurden, so haben die Einnahmen daraus sich sehr gehoben. Wie hoch die Schutzzölle noch 1827 waren und wie tief sie als Finanzzölle jetzt herabgesetzt sind, ergiebt z. B. die Besteuerung der baumwollenen Waaren, für welche zuerst 100 Thaler und jetzt 10 bis 26 Thaler, und seidenen für welche 100 Thaler und jetzt 30 Thaler vom Centner gezahlt werden.

Aus dieser Darstellung von der Gesetzgebung über den Handel, besonders über den Meßhandel, wird sich wohl erweisen, daß, als die Regierung durch Vorschriften in die freie Bewegung eingriff, dieses die nachtheiligsten Folgen hatte; erst nachdem ein freier Geschäftsgang wieder gestattet war, hob sich der Handel wieder. Alle Gesetze, welche dem Handel bestimmte Wege vorschreiben, sind demselben nachtheilig, jeder Handeltreibende bedarf der unbeschränkten Selbstbestimmung, um jede Gelegenheit benutzen zu können.

Die Versuche, die inländische Industrie durch Beschränkung des Handels zu heben, haben wohl ein gutes Ziel gehabt, der gewählte Weg war aber nicht der richtige, denn der gewährte Schutz gegen die Concurrenz des Auslandes verhinderte die kräftige Entwickelung, man stützte sich auf die Einfuhrverbote und es trat Erschlaffung ein, bis der freie Handel die inländische Industrie auf die eigenen Kräfte verwies.

Uebersicht

von den

wichtigeren Gesetzen und Verordnungen

für die Messen zu Frankfurt a. O.

M	Jahr	wo zu finden.	
1	1253	Riedel Codex diplom. I. 23 No. 1. 2.	Markgraf Johann verleiht der Stadt Frankfurt das Berliner Recht und bestätigt die Niederlage, das Kaufhaus auf dem Markte, die Märkte (nundinae) und die davon zu erhebenden Abgaben.
2	1355	ibid. No. 23	Markgraf Ludwig b. Ä. verstattet, von Straußberg aus, der Stadt Frankfurt die Margarethen-Messe auf einen anderen Tag zu verlegen.
3	1516	ibid. No. 417	Das Stadtbuch des Nicolaus Teymler über das Vermögen von Frankfurt erwähnt des Stättegeldes, welches auf den Märkten zu erheben ist.
4	1524	ibid. No. 424	König Siegesmund von Polen verbietet seinen Unterthanen, des Handels wegen nach Schlesien und den Marken zu reisen, besonders wegen des dortigen schlechten Geldes, gestattet aber den Schlesiern und Märkern, die polnischen Märkte mit ihren Waaren zu besuchen.
5	1535	ibid. No. 440	Kurfürst Joachim verbietet fremden Gewandschneidern den Ausschnitt ihrer Waaren (Tuche) in der Mark, besonders auf den Märkten, sie dürfen nur stückweise verkaufen; auch wird den Fremden der Ankauf roher Wolle untersagt.

M	Jahr	wo zu finden.	
6	1649	Stadtarchiv.	Patent des Kurfürsten Friedrich Wilhelm, daß die frankfurter drei Jahrmärkte stets am Montag nach 12 Uhr beginnen sollen, früher dürfen die Gewölbe und Buden auch nicht geöffnet werden.
7	1658	desgl.	Derselbe verordnet: es sollen die Märkte oder Messen vom Montag, wo sie eingeläutet werden, bis zum Freitag der nächstfolgenden Woche bestehen, dann ist der Markt auszuläuten.
8	1656	Stadtarchiv.	Kurfürst Friedrich Wilhelm ertheilt einen ermäßigten Meß-Accise-Tarif.
9	1669	desgl.	Derselbe verordnet: es solle die Markt-Accise zwischen ihm und der Stadt getheilt werden, eine Zuwendung zur Förderung der Gemeinde.
10	1684	Mylius C. C. IV. 2. S. 187	Die Meß-Accise wird abgeschafft, dagegen soll von 100 Thlr. Losung der Verkäufer 6 Groschen und der Einkäufer 3 Groschen zahlen.
11	1687	desgl.	Den Einkäufern wird obige Abgabe erlassen.
12	1723	Stadtarchiv.	Königl. Verordnung, es sollen keine Wechselklagen vor Mittwoch in der Zahlwoche angenommen und keine Executionen und kein Arrest früher verfügt werden.
13	1737	Corp. Consti. march. de 1737 bis 1750 9. VIII.	Königl. Patent vom 30. Januar 1737. Die Zollplackereien in der Neumark sollen gegen Christen und Juden abgestellt werden; die Zöllner sollen bei Strafe von 10 Thlr. Alle höflich behandeln; der Zoll soll von den Gütern die zu den frankfurter Messen gehen, oder von da kommen, nur von der Pferdeladung mit 7 Groschen erhoben werden und nicht vom Einzelngut.

№	Jahr	wo zu finden.	
14	1739	ibed. Anhang No. 42	Cabinets-Ordre vom 1. Mai 1739. Revidirter Accise-Tarif. Im Artikel „Meß-Accise" wird angeordnet: daß nach mehreren früheren Verordnungen die Meß-Accise zu einem halben Procent bei Vorlegung der Frankfurter Accisezettel zum dritten Theile restituirt werden soll, nur nicht für wollene, halbwollene Zeuge und Gold- und Silbersachen, die für Sachsen bestimmt sind.
15	1752	ibed. No. 70	Die Einfuhr fremder Zitze und Cattune wird untersagt.
16	1763	Hubertusburg.	Frieden vom 15. Februar 1763 Art. 6, es sollen zwischen Preußen und Sachsen nähere Handelsbeziehungen eingeleitet werden.
17	1772	Besonderer Abdruck.	Die französische Regie erläßt in deutscher und französischer Sprache einen Meß-Abgabe-Tarif unterm 5. März 1772.
18	1787	Novus Corp. Const. 1787 No. 6	Avertissement. Das Verbot der Einfuhr mehrerer ausländischer Fabrikwaaren zum inneren Verbrauche dauert fort, doch ward damit der Zwischenhandel nach dem Auslande nicht untersagt.
19	1788	besgl. 1788 No. 7	Reglement für die Behandlung der Meß-Commercien- und Accise-Geschäfte auf den Messen zu Frankfurt vom 28. Januar 1788. (Erstes vollständiges Meß-Regulativ.)
20	1800	besgl. 1800 No. 54	Edict vom 12. Septbr. 1800. Verbot einiger fremder Manufactur-Waaren zur Consumtion im Lande und zum Eingange und Handel auf den Frankfurter Messen, auch der Intermediär-Handel mit fremden Manufacturwaaren, besgleichen den

M	Jahr	wo zu finden.	
			Transito-Verkehr mit denselben, betreffend.
21	1805	Novus Corp. Const. 1805 No. 47	Edict vom 26. Decbr. 1805, durch welches die Provinzial-Binnenzölle (nicht die Grenzzölle) aufgehoben werden.
22	1807	Frieden zu	Tilsit mit Frankreich vom 9. Juli 1807, nach dessen Artikel No. 27 Preußen die Zusage machen mußte: alle Handelsverbindungen mit England und dessen Colonien (wegen der Continental-Sperre) aufzugeben.
23	1810	Gesetzsammlng. 1810	Publicandum vom 9. März 1810, durch welches der Handel mit England und seinen Colonien wiederholt untersagt wird.
24	1810	desgl.	Meßordnung vom 15. Mai 1810. Es wird wieder verstattet alle Arten von in- und ausländischen Waaren, mit Ausnahme der englischen und der Monopolgegenstände (Kalender, Spielkarten und Salz) zu den Messen zu bringen. (Zweites Meß-Regulativ.)
25	1811	desgl. 1811	Edict vom 7. Septbr. 1811 über die Finanzen des Staats und das Abgabe-System. Besonders §§. 136, 137, 155.
26	1811	desgl.	Verordnung vom 7. Septbr. 1811. Zum Besuche der Frankfurter Messen bedürfen die Gewerbetreibenden keines Gewerbescheins. (Wiederholt in dem Regulativ vom 28. April 1824 §. 5, die Meßabgabe tritt an Stelle der Gewerbesteuer.)
27	1812	desgl. 1812	Edict vom 11. März 1812 §. 38. Auch fremden Juden ist der Besuch der Messen erlaubt.

ℳ	Jahr	wo zu finden.	
28	1818	Gesetzsammlng. 1818	Gesetz über den Zoll und die Verbrauchs-Steuer von ausländischen Waaren und über den Verkehr zwischen den Provinzen des Staats, vom 26. Mai 1818. Im §. 14 werden die Messen zu Frankfurt und Naumburg wegen der bewilligten Ermäßigung der Durchgangs-Abgaben für Meßgüter erwähnt. Als erster Grundsatz wird aufgestellt, daß alle Erzeugnisse der Kunst und der Natur im Staate eingebracht, verbraucht und durchgeführt werden dürfen, allen inländischen Erzeugnissen ist die Ausfuhr gestattet.
29	1818	desgl. 1818	In der zu diesem Gesetze gehörenden Zoll- und Verbrauchs-Steuer-Ordnung wird §. 76 eine besondere Meß-Ordnung zugesagt.
30	1819	v. Kamptz Annalen. 1819. II. S. 368 seq.	Meßordnung für Frankfurt a. O. und Naumburg vom 8. Juni 1819 (drittes Meß-Regulativ).
31	1827	Gesetzsammlng. 1827. N. 1097	Verordnung vom 30. Octbr. 1827. Nach dem Zollgesetze vom Jahre 1818 wurde von den Waaren an der Grenze der Eingangszoll und im Innern des Landes die Verbrauchssteuer erhoben. Durch diese Verordnung sind beide Abgaben vereinigt und werden nach einem neuen Tarif zusammen erhoben.
32	1831	Gesetzsammlng. 1831	Cabinetsordre vom 17. Octbr. 1831. Nach der Meßordnung §. 10 wurde den versteuerten Meßwaaren ein Abgabe-Rabatt von einem Drittel bewilligt; dieser Rabatt wurde auf die Waaren

ℳ	Jahr	wo zu finden.	
			beschränkt, welche mindestens 3 Thlr. Zoll vom Centner zahlen und weiter auf ein Fünftel der Abgabesumme. Es ist hinzuzufügen: daß durch Cabinets=ordre vom 24. Decbr. 1833 der Rabatt auf 5 Procent für Leder und Leder=waaren, lackirte Metallwaaren, Waffen, Steingut und Porzellan, auf 10 Procent für seidene und kurze Waaren, bemaltes und vergoldetes Porzellan, wollene Tücher, Hufwaare, Teppiche ꝛc. und auf 15 Procent für alle anderen Waa= ren des §. 11 der Meßordnung ermäßigt wurde und durch Cabinetsordre vom 2. Januar 1869 ganz aufgehoben ist.
33	1831	Gesetzsammlng. 1831	Durch dieselbe Cabinetsordre vom 17. October 1831 ist auch bestimmt, daß Waaren, die mit einer höheren Abgabe als 15 Sgr. vom Centner belegt sind, nach §. 12 der Meß-Ordnung auf das Conto übernommen werden können; werden die Waaren ins Ausland zu= rückgeführt, deshalb vom Conto abge= schrieben, dann sind 15 Sgr. Durch= gangsabgaben für den Centner zu zahlen.
34	1832	desgl. v. 1832	Die Minister haben am 31. Mai 1832 die revidirte Meßordnung für Frankfurt bekannt gemacht und ist dieselbe durch Cabinetsordre vom 31. März 1832 vorher genehmigt worden. (Die vierte noch gültige Meß-Ordnung.) — Schon im Jahre 1819 hatte eine Zollvereini= gung mit der Unterherrschaft Schwarz= burg=Sondershausen stattgefunden, an welcher sich nach und nach mehrere kleine

№	Jahr	wo zu finden.	
			Nachbarstaaten anschlossen, doch ohne Einfluß auf den Meßverkehr. Mit dem Jahre 1831 begannen die Verhandlungen mit den größeren deutschen Staaten und traten zuerst 1833 das Königreich Sachsen und die beiden hessischen Länder bei, dann bis 1856 alle deutschen Staaten, ausgenommen Oesterreich. Diese große Veränderung blieb nicht ohne Einfluß auf die Anordnung für die Messen, wie sich aus dem Folgenden ergeben wird.
35	1833	Zollvereins-Verhandlung. Bd. I. S. 134	Durch die Zollvereins-Verhandlungen vom 30. März 1833 Art. 7, 1 werden die Messen zu Frankfurt a. O., Naumburg und Leipzig bestätigt.
36	1833	Zollvereins-Vertrag mit Baiern und Würtemberg. Gesetzs. 1833. Stück 21.	Durch den vorstehenden Vertrag von 1833 Art. 24 wird verordnet, daß zur Förderung des freien Verkehrs die besonderen Begünstigungen einzelner Meßplätze, namentlich die Rabatt-Privilegien, wo sie noch bestehen, nicht erweitert, sondern unter Berücksichtigung sowohl der Nahrungsverhältnisse der begünstigten Meßplätze als der bisherigen Handelsbeziehungen mit dem Auslande thunlichst beschränkt und ihrer baldigen gänzlichen Aufhebung entgegen geführt, neue aber ohne allseitige Zustimmung auf keinen Fall ertheilt werden. Diese Bestimmungen werden durch die Zoll-Vereins-Verhandlungen vom 4. April 1858 Bd. IV. S. 12 wieder bestätigt.
37	1833	desgl.	In dem vorstehenden Vertrage ist Art. 18 wegen der Meßbesucher festgesetzt, daß

ℳ	Jahr	wo zu finden.	
38	1845	Gesetzsammlng. 1845	die Unterthanen der Vereinsstaaten auf den Märkten und Messen, welche sie des Handels wegen besuchen, wie die eigenen Unterthanen behandelt werden sollen. Dieser Grundsatz ist in allen folgenden Verträgen wieder aufgenommen. Nach der allgemeinen Gewerbe = Ordnung vom 17. Januar 1845 Titel IV. §. 75 steht der Besuch der Messen, Jahr= und Wochenmärkte, sowie der Kauf und Verkauf auf denselben Jedem mit gleicher Befugniß frei. Beschränkungen gegen Ausländer kann der Minister nur als Repraffalien anordnen. — §. 87. Die Beschränkungen des Verkehrs mit den zu den Messen und Märkten gebrachten, aber unverkauften Gegenständen, werden aufgehoben.
39	1847	desgl. 1847	Verordnung vom 4. Octbr. 1847. Wo das Marktstandsgeld eingeführt ist, da kann dasselbe forterhoben werden, aber nur in den Verkaufsstellen selbst.
40	1853	desgl. 1853	Handels- und Zollvertrag des Vereins mit Oesterreich vom 19. Februar 1853 Art. 6. — Zur Erleichterung des gegenseitigen Verkehrs wird für folgende Gegenstände die Befreiung von Eingangs-, Durchgangs- und Ausgangs-Abgaben zugestanden, als: a) für Waaren (mit Ausnahme der Verzehrungsgegenstände), welche aus dem einen Staate auf Märkte oder Messen des Anderen gebracht, oder auf ungewissen Verkauf außer dem Markt- und Meßverkehr aus dem einen Staat in den andern versendet, aber

ℳ	Jahr	wo zu finden.	
			nicht in den freien Verkehr gesetzt, sondern unter Controle der Zollbehörde in öffentlichen Niederlagen gelagert und binnen einer im Voraus zu bestimmenden Frist unverkauft zurückgeführt werden. Art. 11—13.
41	1856	Gesetzsammlng. 1856	Ganz gleiche Bestimmungen sind durch den Vertrag mit der Hansestadt Bremen, vom 26. Januar 1856, getroffen, Freiheit von Abgaben aller Art für Waaren, die unverkauft von Messen und Märkten wieder zurück gebracht werden.
42	1865	desgl. 1865	Vertrag des Handels- und Zollvereins mit Oesterreich vom 11. April 1865. Im Artikel 6 wird wiederholt, was im Artikel 6 des Vertrages von 1853 bestimmt ist und im Artikel 18 noch hinzugefügt, auch sollen beim Besuche von Märkten und Messen zur Ausübung des Handels und zum Absatz eigener Fabrikate und Erzeugnisse in jedem der vortragenden Theile die Unterthanen des Anderen ebenso wie die eigenen Unterthanen behandelt werden.
43	1869	desgl. 1869	Das Gesetz vom 2. Januar 1869 hebt den Meßrabatt ganz auf.
44	1869	Bundes-Gesetz-Blatt 1869. No. 30.	Das Vereins-Zoll-Gesetz vom 1. Juli 1869 enthält nur Weniges über den Meß- und Markt-Verkehr. Nach §. 112 soll, zur Erleichterung des Besuchs fremder Messen, die zollfreie Rückbringung der unverkauft gebliebenen, aus dem freien Verkehr des Zollvereins stammenden Waaren gestattet werden. Ebenso wird den fremden Handel- und

№	Jahr	wo zu finden.	
			Gewerbetreibenden, welche inländische Messen und Märkte besuchen, von ihren unverkauft gebliebenen Waaren, der Erlaß des Eingangszolls bei der Wiederausfuhr zugesichert.
45	1873	Gesetzsammlng. 1873	Nach den bestehenden Anordnungen wurden als Meß-Abgabe 5 Sgr. vom Ctr. inländischer Waaren erhoben. Durch die Verordnung vom 23. März 1873 ist diese Meßabgabe für beide Arten von Waaren auf 1 Sgr. herabgesetzt.
46	1877	desgl. 1877 Stck. 7	Gesetz vom 28. Februar 1877, betreffend die Einstellung der Meßabgabe in Frankfurt a. O.

III.
Der Meß-Verkehr im Allgemeinen.

Der Verkehr auf den Messen wird bedingt durch die Menge und Art der angebotenen Waaren, durch die Zeitereignisse und durch die landesherrlichen Verordnungen. Nur sehr wenige Druckschriften gedenken der Messen, und nur aus den Acten des Staats-Archivs und der Behörden, die dankenswerth zugänglich waren, konnten nähere Nachrichten geschöpft werden; doch auch diese gaben keine vollständige Uebersicht von den Waaren, die zu den Messen gebracht wurden. Aus der früheren Zeit mangeln alle Nachrichten; erst von der Mitte des achtzehnten Jahrhunderts kann im Einzelnen nach und nach der Sache näher getreten werden. Die aufbewahrten Zahlen haben ferner auch nicht gleiche Grundlagen; die frühsten ergeben nur den Ertrag der landesherrlichen Meßaccise, dann durch eine lange Reihe von Jahren den abgeschätzten Werth der inländischen und ausländischen Waaren und erst seit Einführung des Zollgesetzes von 1818 wird das Gewicht der Waaren den statistischen Nachrichten zu Grunde gelegt.

Von dem, was sich über die Waaren-Zufuhren hat ermitteln lassen, wird umstehend eine gedrängte Uebersicht in der Weise gegeben, daß die Jahressummen zusammengestellt sind, nicht aber die Erfolge der einzelnen Messen, deren je drei in ein Jahr fallen, die Uebersicht würde dadurch zu weitläufig geworden sein.

Aebersicht von den zu den Messen geführten Waaren von 1757 bis 1815.

Jahr	Betrag der Meßaccise in Thalern:		
1757	7,268		
1758	7,338		
1760	8,864		
1761	10,236		

	Werth der Meßwaaren in Thalern:		
	inländische	ausländische	zusammen
1781	2,827,776	831,390	3,659,166
1782	2,631,994	831,028	3,463,022
1783	2,878,102	1,024,089	3,902,191
1784	2,853,308	1,095,152	3,948,460
1785	3,080,229	983,618	4,063,847
1786	2,781,256	942,320	3,723,576
1787	3,370,780	1,095,069	4,465,849
1788	3,582,303	1,115,226	4,697,613
1789	3,573,938	1,310,678	4,884,616
1796[1])	1,490,598	540,444	2,031,042
1797[2])	1,785,619	3,299,693	5,085,312
1798	3,628,626	3,097,659	6,726,285
1799	2,833,619	3,021,619	5,855,238
1800	2,660,573	1,631,421	4,583,994
1801	3,109,684	1,045,839	4,155,523
1802	3,337,031	1,069,384	4,486,415
1803	4,697,709	392,560	5,099,267
1804	4,833,840	376,832	5,210,672
1805	4,423,042	301,537	4,724,579
1806[3])	2,582,695	617,166	3,199,861
1807	beide Waarenarten		2,798,733
1808	desgl.		2,415,989

	Angabe des Centner-Gewichts der ausländischen Waaren.	
1811		19,862
1812		18,615
1813		13,924
1814		32,329
1815		32,567

---

[1]) Betrifft blos die Reminiscere-Messe.
[2]) Desgleichen nur die Reminiscere- und Margarethen-Messe.
[3]) 1806 fiel die Martini-Messe wegen des Krieges aus.

Aebersicht von den zu den Messen geführten Waaren von 1819 bis 1875

Jahr	Centner inländische Waaren	Centner ausländ. Waaren	zusammen	Jahr	Centner inländische Waaren	Centner ausländ. Waaren	zusammen
1819	42,188	19,188	61,376	1849	217,549	9,697	227,246
1820	57,511	21,796	79,307	1850	223,231	10,346	233,577
1821	58,510	21,739	80,249	1851	249,484	9,537	259,021
1822	62,473	24,605	87,078	1852	259,837	9,494	269,331
1823	64,171	22,847	87,018	1853	281,086	7,618	288,704
1824	67,888	26,195	94,083	1854	295,113	5,878	300,991
1825	89,106	30,253	119,359	1855	298,355	6,676	305,031
1826	87,111	31,862	118,973	1856	283,106	7,218	290,324
1827	94,773	38,496	133,269	1857	264,718	7,259	271,977
1828	99,842	37,770	137,612	1858	283,358	4,971	288,329
1829	92,657	36,918	129,575	1859	278,842	3,210	282,052
1830	118,707	53,630	172,337	1860	283,475	2,946	286,421
1831	106,102	39,521	145,623	1861	288,039	3,020	291,059
1832	129,449	58,820	188,269	1862	288,592	3,177	292,769
1833	131,353	49,107	180,460	1863	258,619	2,630	261,249
1834	143,363	28,063	171,426	1864	248,290	2,254	250,544
1835	143,259	27,011	170,276	1865	241,336	2,575	243,911
1836	149,162	25,686	174,848	1866	201,396	1,302	202,698
1837	164,412	28,395	192,807	1867	257,228	2,431	259,659
1838	171,835	27,998	199,833	1868	241,693	2,451	244,144
1839	172,847	23,098	195,945	1869	247,112	667	247,779
1840	206,909	28,046	234,955	1870	231,520	528	232,648
1841	195,445	27,307	222,752	1871	199,813	152	199,965
1842	224,034	26,964	250,998	1872	213,178	799	213,977
1843	237,557	30,324	267,881	1873	207,950	320	208,270
1844	233,019	29,389	262,408	1874	210,054	481	210,535
1845	224,013	25,288	249,301	1875	180,054	314	180,778
1846	234,559	15,310	249,869				
1847	235,217	11,242	246,459	\multicolumn{3}{Nachträglich hinzugefügt:}		
1848	203,883	9,428	213,311	1876	173,857	214	174,071

Aus der vorstehenden Uebersicht ergiebt sich im Allgemeinen Folgendes:

1) In den Jahren 1757, 1758, 1760 und 1761 wurden an Meß-Accise zusammen 33,706 Thlr. erhoben, ober jährlich durchschnittlich 8,426 Thlr., in den ersten Jahren weniger, in den letzten mehr; dann tritt eine Lücke in diese Uebersicht ein.

2) Von 1781 bis 1789 wurden Waaren eingeführt, deren Werth zu 36,808,340 Thlr. abgeschätzt worden ist; von diesen fallen 27,579,836 Thlr. auf inländische Gegenstände und 9,228,504 Thlr. auf ausländische; der jährliche Durchschnitt berechnet sich auf 3,064,600 für inländische und 1,025,400 Thlr. für ausländische Waaren, zusammen 4,090,000 Thlr.

3) Für die Zeit von 1790 bis 1795 haben sich wieder keine genügenden Zahlen ermitteln lassen; für 1796 findet sich nur eine Angabe für eine Messe und für 1797 für zwei Messen, dann aber konnte von 1798 bis 1805 eine vollständige Uebersicht aufgestellt werden und ist der Werth für diesen Abschnitt auf 47,958,327 Thlr. geschätzt, von denen auf inländische Gegenstände 28,680,011 Thlr. fallen und auf ausländische 19,278,316 Thlr., was jährlich durchschnittlich 5,994,700 Thlr. beträgt, von denen auf inländische Waaren 3,585,000 Thlr. und auf ausländische 2,409,700 Thlr. kommen; die Zufuhr der ausländischen Waaren war daher sehr gestiegen.

4) In dem Unglücksjahre 1806 konnten nur zwei Messen abgehalten werden; der Werth der dahin geführten Waaren ist auf 3,199,861 Thlr. berechnet, von denen 617,166 Thlr. auf ausländische kommen.

5) Für die Jahre 1811 bis 1815 ist nur das Gewicht der ausländischen Waaren auffindlich gewesen und betrug 117,297 Ctr., mithin durchschnittlich jährlich 23,459 Ctr. — dann tritt wieder eine unausfüllbare Lücke bis 1819 ein.

6) Es ist aber gelungen für die Zeit von 1819 bis 1875 eine vollständige Uebersicht über die hergebrachten Waaren zu gewinnen*) und betrugen diese

---

*) Nach Abschluß dieser Uebersicht konnte auch noch die Waarenmenge des Jahres 1876 zugesetzt werden, und für die Reminiscere-Messe von 1877 betrug diese nur 61,081 Ctr. inländische und 62 Ctr. ausländische Waaren.

Zeitabschnitt von	bis	Inländische Waaren Centner	Ausländische Waaren Centner	Zusammen Centner
1819	1829	816,230	311,669	1,127,899
1830	1839	1,430,489	361,329	1,791,818
1840	1849	2,212,185	212,946	2,425,131
1850	1859	2,716,128	72,207	2,788,335
1860	1869	2,555,780	22,454	2,578,234
1870	1875	1,243,179	2,594	1,245,773
zusammen		10,973,991	983,199	11,957,190

Sehr bestimmt wird hieraus die sich stets mehrende Waaren=zufuhr bis in den Zeitabschnitt von 1850 bis 1859 ersichtlich und dann die Abnahme, was auch den ganzen Meßverkehr bezeichnet; weiter ist ersichtlich, daß die ausländischen Waaren in viel geringeren Mengen, als die inländischen hergeführt sind, und in allerneuster Zeit fast ganz ausbleiben.

Zur Erläuterung dieser Angaben über die Menge der zu den Messen gebrachten Waaren soll Folgendes dienen.

Die geringen Erträge der Meßaccise aus den Jahren 1757 bis 1761 geben nur sehr wenigen Anhalt, umb araus einen Schluß auf den Verkehr zu ziehen, zumal über die Menge und Art der Waaren keine Angaben sich auffinden ließen; nur aus dem Steigen der Abgaben läßt sich schließen, daß nach und nach mehr Waaren hergebracht wurden; es ist die Zeit des siebenjährigen Kriegs, und hatte sich zuletzt der Kriegsschauplatz von der Meßstadt entfernt.

Für die folgenden zwanzig Jahre bis 1781 ist es wieder nicht gelungen, Zahlen zu ermitteln, die Aufschluß gewähren, so wichtig diese Zeit für den allgemeinen Handel und Meßhandel ist, denn in dieser Zeit fing das Prohibitiv=System an sich zu entwickeln. Bald nach Beendigung des siebenjährigen Kriegs führte der König Friedrich II. in seinen Memoiren (Thl. VI. S. 77) aus: das Land sei durch den Druck des Krieges verarmt und doch sei es nothwendig geworden, demselben neue Lasten aufzulegen, wegen unabweislicher Ausgaben. Um dieses zu ermöglichen, sei es erforderlich, den baniederliegenden Gewerbefleiß zu heben und so größeren Wohlstand herbeizuführen; bisher wären viele Bedürfnisse aus der Fremde bezogen, was den Beutel leer mache, das müsse aufhören, denn durch die eigene Production würde mindestens der Tagelohn im Lande gewonnen. Es wurde also der König durch das Staatsbedürfniß darauf hingewiesen, den Gewerbefleiß zu heben; die desfallsigen Anordnungen mußten daher auch den ganzen Staat betreffen und so sind auch die Messen davon berührt. Von 1765 bis 1780 wurde Vieles zur Hebung der Industrie unternommen, sowohl durch Errichtung von Seiden- und Baumwollen-Fabriken, als auch durch deren Unterstützung mit baarem Gelde; von 1752 an ergingen die Verbote, gewisse fremde Waaren einzuführen, oder sie wurden mit sehr hohen Abgaben belegt, um den Markt für die inländischen Fabrikate zu sichern und zu erweitern. So hatte Friedrich II. begonnen, Friedrich Wilhelm II. ging auf diesem Wege fort und unter Friedrich Wilhelm III. wurde das Prohibitiv- und Schutzzoll-System durch den Minister von Struensee zu einer Höhe getrieben, die den Verfall herbei führte.

Als Grundlage für die Beschränkung der Einfuhr fremder Waaren galt die Bestimmung: denjenigen Sachen den Eingang zu versagen, oder zu erschweren, welche durch inländische Fabriken in genügender Menge und Güte hergestellt würden; dieses machte für die verschiedenen Landestheile verschiedene Anordnungen nothwendig, was große Schwierigkeiten in der Ausführung hervorrief; so wurden z. B. die westphälischen Stahl- und Seidenwaaren in anderen Provinzen als ausländische behandelt; in Neupreußen mußte die Zufuhr fremder Webestoffe unter leichteren Bedingungen gestattet werden, weil dort die Fabriken dafür fehlten und dieses erschwerte wieder die Ausfuhr dieser Gegenstände nach anderen Landestheilen. Die Einfuhr sämmtlicher Stoffe aus Seide und Baumwolle war auch nicht untersagt, sondern nur gewisser Arten, wie Sammt, verschiedene Arten von Geweben, Kattune, Zitze, mehrere Sorten von Bändern, Handschuhe, Strümpfe, Spitzen rc., so daß es der höchsten Aufmerksamkeit der Beamten bedurfte, um verbotene und erlaubte Gegenstände zu unterscheiden, wozu noch kamen: die Prüfungen der Ursprungszeugnisse, der Fabrikzeichen, der Verbleiung rc., was den Waarenbesitzern die Zoll-Abfertigung äußerst erschwerte.

Die Zeit von 1781 bis 1810 muß in zwei Abschnitte getheilt werden, nämlich von 1781 bis 1800 und von da ab bis zum Ende; im ersten Abschnitt liegt die allmählige Entwickelung des Prohibitiv-Systems, in dem zweiten dessen höchste Ausbildung und Untergang. Wenn auch die Angaben über die Waarenzufuhren unvollständig sind, so ersieht man doch aus denselben, daß andauernd immer mehr fremde Waaren zu den Messen gebracht wurden und selbst mitunter mehr als die inländischen betrugen, was durch den Zwischenhandel mit dem Auslande zu rechtfertigen versucht wurde. Im Durchschnitt sind aber nur ein Drittel soviel fremde Waaren als inländische hergeschafft. Es wird wohl von Interesse sein, nach den Archiv-acten dem Gange zu folgen, wie das strengste Prohibitiv-System zur Annahme gelangte. Zuerst findet sich ein Schreiben des Finanz-Departements vom März 1799 an das Departement des Aeußern mit der Erwiderung, man sei einverstanden, daß Etwas geschehen müsse, um Deutschland vor der weiteren Ueberschwemmung mit englischen Waaren zu behüten, denn die inländischen Fabriken würden dadurch sehr beschädigt und die Geldcirculation benachtheiligt. Aber Preußen könne nicht allein auftreten und sei deshalb ein Uebereinkommen mit den Nachbarstaaten Kursachsen, Hannover, Braunschweig ꝛc. nothwendig. Wie dieses auszuführen wäre, darüber wolle man Vorschläge erwarten und dann an die Ausführung gehen. Die Antwort findet sich nicht, man ersieht aber daraus, welchen Antheil die obere Staatsverwaltung an der Beschränkung der Einfuhr fremder Waaren nahm, deren Werth in den Jahren 1797, 1798 und 1799 jährlich zu mehr als drei Millionen Thaler, blos für die Messen, berechnet worden ist. Das Finanz-Departement sah sich 1799 veranlaßt, über diesen Gegenstand dem Könige einen Bericht zu erstatten und darin auszuführen, es beklagten sich die Baumwollen-Fabrikanten in Berlin über Mangel an Absatz, weil in Süd-, Ost- und Westpreußen der Eingang fremder baumwollener Waaren gegen die geringe Abgabe von zehn Procent gestattet werde. Bei näherer Untersuchung hätte sich die Angabe als richtig erwiesen, denn von den eingerichteten 1657 Webestühlen hätten nur 1152 im Gange erhalten werden können; der Menge nach konnte der Bedarf gewiß im Inlande befriedigt werden, wenn auch nicht ganz der Güte nach und zu etwas höheren Preisen.

Ganz so verhalte es sich mit den seidenen Stoffen. Es wird daran der Antrag geknüpft: zum Besten der inländischen Industrie allen fremden baumwollenen und seidenen Stoffen, in allen Landestheilen diesseits der Weser, den Eingang zur inländischen Consumtion gänzlich zu verbieten und damit auch den Handel*) auf den frankfurter Messen zu untersagen. Der König ging nicht sofort darauf ein, sondern erwiderte im Decbr. 1799: es sei bedenklich, die Einfuhr ganz zu untersagen, weil dann die inländischen Fabrikanten sich nicht bemühen würden, gute und billige Waaren zu liefern; es möchte deshalb gerathen sein, die fremden Waaren nur mit einem hohen Impost von etwa zwanzig Procent zu belegen. Dennoch erging die Verordnung vom 12. Januar mit dem Verbote der Einfuhr fremder seidener, halbseidener und baumwollener Waaren, mit Ausnahme einiger feinen und leicht ins Gewicht fallender Gegenstände; auch hielt sich der Minister berechtigt, für die frankfurter Messen zu bestimmen, daß der Zwischenhandel mit den zum inneren Verbrauch verbotenen Waaren auch untersagt sei, da der Handel nach Oesterreich und Rußland fast unmöglich wäre und die dorthin declarirten Waaren meist heimlich im Lande abgesetzt würden. Hiermit war offenbar viel weiter gegangen, als es in der Absicht des Königs lag. Als diese strengen Prohibitiv-Maaßregeln bekannt wurden, wandten sich mehrere angesehene Seidenfabrikanten an den König mit der Bitte: das Verbot für seidene Waaren nicht zuzulassen, wobei der frankfurter Meßhandel in folgender Weise geschildert wird: dieser Handel sei der Ernährer aller inländischen Waaren-Fabriken, bei deren Erzeugnisse es darauf ankommt, sich durch deren Besichtigung von ihrer Beschaffenheit zu überzeugen; so werde in Frankfurt der Absatz nach dem In- und Auslande fast allein vermittelt, die Bestellungen in der Zwischenzeit zweier Messen wären unerheblich. Fehlten auf den Messen die fremden Waaren, so würden, da eine Wahl nicht stattfinden könnte, die Einkäufer sich zurückziehen und ließe sich deren Kundschaft durch Reisende nicht erhalten. Die Concurrenz des Auslandes sei auch zur Fortbildung der inländischen Gewerbethätigkeit nothwendig. Nach der darauf sofort erfolgten Bescheidung wurden die ergangenen Verbote nicht

---

*) Zwischenhandel mit dem Auslande.

zurückgenommen, aber ein Schriftwechsel mit den Behörden wegen des Intermediär-Handels auf den Messen veranlaßt. Der König hatte es sehr übel aufgenommen, daß so weit vorgegangen war und befahl im Juni 1800, es solle der Zwischenhandel auf den Messen für jetzt noch frei gestattet werden, zumal der Handel nach Rußland noch möglich sei. — Endlich kam das mit Recht so vielfach angegriffene Edict vom 12. Septbr. 1800 zu Stande, welches die Eingangsverbote für ausländische Waaren, die im Inlande genügend hergestellt werden, aufrecht erhielt, namentlich für seidene, halbseidene und baumwollene Waaren, doch mit Ausnahme der schon erwähnten leichten und feinen Stoffe, deren Einfuhr zum innern Verbrauche noch gestattet blieb; der Zwischenhandel mit verbotenen Waaren auf den Messen wurde gestattet, doch unter kaum ausführbaren Formalitäten. Der Streit über die Einfuhr-Verbote war so populär geworden, daß 1801 eine Flugschrift zu Gunsten derselben erschien, die inländische Industrie könne nur so gehoben werden. Struensee suchte die Verbote immer strenger auszuführen und erlangte dazu die Cabinets-Ordres vom 10. April und 18. Juni 1803.

Im zweiten Abschnitt von 1801 bis 1810 ergeben die Aufzeichnungen, daß, wenn anfangs auch noch hohe Werthsummen für fremde Meßwaaren berechnet wurden, diese bald abnehmen, nachdem die Verbote immer mehr ins Leben eingriffen; auch die unglückliche Kriegeszeit von 1806 läßt sich darin erkennen.

Die Werthabschätzung der Waaren war nicht in die Hände der Beamten gelegt; in den Meß-Accise-Tarifen findet sich eine Spalte, welche den Werth bestimmt, nach welchem die Abgabe festgesetzt worden war; diese Schätzungen sind den Werthberechnungen zu Grunde gelegt und wird danach der Centnerwerth seidener Waaren zu 600 Thlr., der wollenen zu 120 Thlr., der kurzen Waaren zu 33 $\frac{1}{3}$ Thlr., Leder zu 25 Thlr. ꝛc. angenommen. Nach diesen Sätzen ist der Werth der zu den drei Messen von 1798 geführten Waaren zu 6,726,000 Thlr. berechnet, der höchste Ertrag der von 1781 bis 1810 erzielt worden ist. Berechnet man nach gleichen Sätzen den Werth der Meßwaaren, welche in dem Mitteljahre 1845 mit 249,000 Centner hergeführt wurden, so stellt sich derselbe rund auf 26,000,000 Thlr. Auf den früheren Messen, selbst wenn sie besonders günstig waren, sind daher sehr viel weniger Waaren hergebracht, als zu benen des neunzehnten Jahrhunderts, was wohl dem zuzuschreiben ist, daß durch Zunahme der Bevölkerung*) der Bedarf sich mehrte, durch die erhöhte Gewerbethätigkeit die Waarenpreise sich minderten, also den Ankauf erleichterten, dann auch, daß die neuen Verbindungswege von nah und fern den Verkehr förderten; wo früher die polnischen Juden mit vielen hundert von Wagen eintrafen, sind jetzt die Sendungen auf den Eisenbahnen eingetreten.

Eine Vergleichung der Gegenstände, die früher hergeführt worden sind, mit denen, die jetzt hergebracht werden, läßt sich nicht im Einzelnen durchführen, denn die vorliegenden Schätzungen sind nur in neun Sätzen gemacht, daher verschiedene Sachen zusammengefaßt wurden. Es haben aber in der Zeit von 1801 bis 1808 die ausländischen Waaren etwa nur ein Zehntel des Ganzen betragen, dazu im abnehmenden Verhältniß, so daß zuletzt nur noch ein Zwanzigstel auf sie fällt; die inländischen Waaren erhielten sich in derselben Zeit ziemlich auf gleicher Höhe.

Die Verminderung des Meßverkehrs zeigte auch ihren Einfluß auf das Wohlergehen der Stadt; denn durch Abwesenheit mehrer Verkäufer blieben viele Lokale unbenutzt und brachten keine Miethen. Die Staatsverwaltung sah sich wegen der deshalb laut werdenden Klagen veranlaßt, die offenen Lokale anzumiethen. Dem Könige wurde deshalb 1800 Bericht erstattet und neben dem Antrage, die Miethen zu bewilligen, auch vorgeschlagen: die Zahl der Buden zu beschränken, um so die Verkäufer zu nöthigen, ihre Waaren in den Häusern niederzulegen; die Miethen wurden bewilligt, doch die Beschränkung der Buden nicht gutgeheißen. Die hieraus erwachsenden Ausgaben waren nicht unbeträchtlich und beliefen sich z. B. für einige sechszig Gewölbe während der Margarethen-Messe von 1801 auf 4255 Thlr., Aftervermiethungen brachten dazu jedoch 1425 Thlr. auf. Wie lange diese Beihülfe gewährt worden, ist nicht ersichtlich, doch wahrscheinlich nicht über das Unglücksjahr 1806 hinaus.

Mit dem Jahre 1810 schließt diese traurige Periode und die darin zuletzt erlassenen Anordnungen bestätigen die Erwartungen

---

*) Preußen zählte im Jahre 1831 eine Bevölkerung von etwas mehr als 13 Millionen Einwohnern und 1875 in denselben Provinzen über 21 Millionen Einwohner.

für eine bessere Zukunft, ungeachtet daß der Druck der französischen Politik noch nicht entfernt werden konnte. Das System der Waaren-Einfuhr-Verbote war aufgegeben, doch nicht das Schutzzoll-System. Die Archiv-Acten ergeben, von 1809 an, daß die obersten Staats-Behörden das Gutachten der Provinzial-Behörden darüber erforderten, ob es für das Beste des Landes räthlich sei: den Freihandel herzustellen und dadurch die Messen wieder in Blüte kommen würden. Das Gutachten Aller erklärte sich für den Freihandel. So erschien unterm 12. März 1810 das Publicandum, nach welchem alle und jede inländischen und fremden Producte und Fabrikate zum Meßhandel erlaubt wurden, doch mit Ausnahme der aus England stammenden Gegenstände, in Folge des tilfiter Friedens. Durch diese Freiheit sollte das System des Staats in Ansehung des Handels mit inländischen Producten und Fabrikaten nach dem Auslande, oder fremder Fabrikate und Producte im Lande nicht geändert werden. Von Zahlung der Meßabgabe blieben die inländischen Erzeugnisse auch ferner frei; die fremden Sachen sind der Meßabgabe und den Landeszöllen unterworfen bezüglich des Eingangs, dagegen sind die Ausgangszölle aufgehoben. Mit der Margarethen-Messe von 1810 traten diese Bestimmungen in Kraft; gleichzeitig hiermit erschien eine Meßordnung, begleitet von einem Tarif über die Meß-Abgabe, der wegen der hohen Ansätze zu vielen Beschwerden Veranlassung gab, von denen viele Berücksichtigung fanden, besonders weil in den sächsischen Meßorten Leipzig und Naumburg niedrigere Sätze Geltung hatten und deren Concurrenz befürchtet wurde. Auch findet sich ein Antrag, den Leibzoll der Juden aufzuheben, um ihnen den Besuch der Messen zu erleichtern, was aber erst mehrere Jahre später erfolgte.

Für die Zeit von 1811 bis 1818 ist es nur gelungen, für fünf Jahre das Gewicht der hergebrachten fremden Waaren aufzufinden, es ist die Zeit des beginnenden Freihandels und da von inländischen Waaren keine Abgaben erhoben wurden, so scheint die Finanzbehörde denselben keine Aufmerksamkeit zugewandt zu haben. In diese Zeit fällt auch der Krieg, der Deutschland vom französischen Drucke befreite, und so erneuerte sich auch die Einfuhr der englischen Waaren in sehr beträchtlicher Weise.

Es ist nun dem langen Zeitabschnitt von 1819 bis 1875 näher

zu treten, der durch die Gesetzgebung, durch Bildung des Zollvereins und den Verkehr auf den Eisenbahnen sich auszeichnet. Soweit es sich nach den vorgelegten Zahlen beurtheilen läßt, hat niemals früher ein so beträchtlicher Waarenverkehr, als in dieser Zeit, stattgefunden, es stieg die Centnerzahl von 61,000 im Jahre 1819 auf mehr als 300,000 im Jahre 1855; dann sank sie bis 1875 nach und nach auf 180,000 Ctr. wieder herab.

Die Zollgesetzgebung von 1818 entfesselte den Handel von allen Beschränkungen, wenn auch die Schutzzölle noch verblieben, doch wurde neben den allgemeinen Landeszöllen noch ein Beitrag zu den Meßunkosten von inländischen und ausländischen Waaren, nach zwei verschiedenen Sätzen, gefordert; dagegen aber den verkauften und verzollten Waaren ein ansehnlicher Mießrabatt gewährt, der erst in neuerer Zeit zurückgezogen ist. Die Beträchtlichkeit der Zufuhren von inländischen und ausländischen Gütern stieg gleichmäßig bis in den Anfang der dreißiger Jahre, und stammten die Fremden aus England, Frankreich, der Schweiz, Sachsen und den süddeutschen Staaten; bis 1833 betrugen die inländischen Gegenstände nur etwa siebenzig Procent. Von dieser Zeit an entwickelte sich der Zollverein, der nach und nach, mit Ausnahme von Oesterreich, ganz Deutschland umfaßte; in Folge dieser Verbindung mehrte sich, wegen Erleichterung des Verkehrs, auch der Meßhandel, die fremden Waaren minderten sich, denn die aus den Vereinsstaaten stammenden Gegenstände wurden den inländischen gleich gestellt; die Menge der fremden Waaren sank 1850 bis auf dreizehn Procent herab und weiter immer mehr, so daß sie jetzt nur noch dem Kleinhandel auf den Messen dienen. Zu der Abnahme des Meßhandels mit fremden Waaren wirkten noch andere Ursachen mit, besonders der Eisenbahnverkehr und die Entziehung des Meßrabatts. Keinen Falls ist die Minderung der fremden Waaren dem allgemeinen Handel beizumessen, da dieser stets sich gemehrt hat. Um Letztes durch ein Beispiel zu erweisen, wird angeführt, daß 1841 in den Zollverein eingeführt wurden 456,965 Ctr. baumwollene Waaren und 1874 dergleichen 517,900 Ctr.; in derselben Zeit stieg die Einfuhr der seidenen Waaren von 4488 Ctr. auf 16,790 Ctr. und der wollenen Waaren von 30,848 Ctr. auf 155,650 Ctr.; der Handel mit diesen Gegenständen hat sich nur von den Messen zurückgezogen.

Die Eisenbahnen, welche Anfangs einen so wichtigen Einfluß auf den Meßverkehr hatten, trugen dann zu dessen Verminderung wesentlich bei. Die Bahn von Berlin nach Frankfurt wurde 1842 eröffnet und 1846 bis Breslau fortgeführt; die Bahn von Cüstrin nach Königsberg i. Pr. ist 1852 eröffnet, von Frankfurt nach Cüstrin erst 1857 und endlich von Berlin nach Cüstrin im Jahre 1867. So erlangte Frankfurt eine unmittelbare Verbindung mit den beiden Hauptbahnen und trat dadurch in den regesten Verkehr mit allen anderen Bahnen. Zuerst wurden die Bahnen meist nur von Reisenden benutzt, dann aber immer mehr zum Transport von Waaren; diese Erleichterung des Personen- und Waaren-Verkehrs hatte die Folge, daß die Messen ein minderes Bedürfniß für den Handel wurden; man verständigte sich immer mehr persönlich und örtlich über die Geschäfte oder durch Handelsreisende mit Waarenproben und bezog die Waaren unmittelbar aus den großen Niederlagen oder den großen Fabriken. Die zunehmende Wichtigkeit des Waarentransports auf den Eisenbahnen ergiebt sich auch daraus, daß bis zum Jahre 1844 wohl alle Waaren zu den Messen in Frankfurt durch Landfracht versendet wurden, dann aber änderte sich dieses dahin, daß

1862 von 255,470 Ctrn. nur 56,681 Ctr.,
1865 „ 265,547 „ „ 56,578 „
1870 „ 230,790 „ „ 42,235 „
1875 „ 180,751 „ „ 13,185 „

der Landfracht noch zufielen, so zogen die Eisenbahnen den Waarentransport immer mehr an sich.

Eingangs ist eine Uebersicht von den Waaren vorgelegt, welche von 1819 bis 1875 zu den einhundert und einundsiebenzig Messen gebracht sind, aus welcher sich ergiebt, daß im Ganzen angefahren wurden 10,973,991 Ctr. inländische und 983,199 Ctr. ausländische Waaren, zusammen 11,957,190 Ctr. Es beträgt dieses durchschnittlich für jede einzelne Messe etwas mehr als 70,000 Ctr., anfangs weniger, dann aber mehr, selbst bis zu mehr als 100,000 Ctr. im Jahre 1855, dann aber wieder weniger und 1875 nur 60,000 Ctr. Weiter ist daraus das große Uebergewicht der inländischen Waaren zu ersehen, welches sich fort und fort steigert und im Ganzen mehr als neun Zehntel beträgt. Die allgemeine Steigerung des Verkehrs dauerte bis in den Zeitabschnitt von 1850 bis 1859, dann tritt die Verminderung ein, weil der Handel andere Wege betreten hatte. Zur näheren Kenntniß des Meßverkehrs ist es nöthig, die Gegenstände zu bezeichnen, welche zum Verkaufe hergebracht worden sind. In frühster Zeit werden Tuche, Leinwand, Leder, Felle, Wolle, Wachs, Honig und Handwerker-Waaren wie auch Vieh die erheblichsten Objecte gewesen sein, von Jahrhundert zu Jahrhundert traten neue Gegenstände hinzu, weil die Gewerbethätigkeit Fortschritte machte; im achtzehnten Jahrhundert werden, als dem Meßhandel dienend, verzeichnet: Edelsteine, Gold- und Silberwaaren, Treffen, Stickereien, alle Arten von seidenen, wollenen und baumwollenen Geweben, besonders Tuche, Leinwand, Galantrie-Waaren, Spitzen, Stahl-, Eisen- und nürnberger Waaren, Material-, Specerei- und Farbe-Waaren, Wachs, Honig, Salpeter, Pferde und Hornvieh. Im neunzehnten Jahrhundert ist hierbei eine große Veränderung eingetreten, viele der bezeichneten Gegenstände gehören dem Meßhandel nicht mehr an und wird, bei Erörterung des Verkehrs auf den einzelnen Messen, eine Uebersicht von den Hauptgegenständen vorgelegt werden, welche von 1820 bis 1875 zu den Messen gebracht sind, als: baumwollene, wollene, seibene und halbseidene Waaren, Leinwand, Leder, Felle aller Art, kurze Waaren, Wolle und Pferde. Doch ist gesetzlich kein Gegenstand vom Meßhandel ausgeschlossen, die Veränderungen liegen in den Handelsverhältnissen. Auch über die Anzahl der Meßfremden und der benutzten Verkaufslokale wird später noch etwas angegeben werden, hier wird aber der Blick auf die polnischen Juden gerichtet, die im achtzehnten Jahrhundert den größten Einfluß auf den Meßhandel hatten. Die meisten derselben kamen aus Kleinpolen, dann aus Großpolen und auch aus Böhmen, sie führten ihre Landesprodukte, als: Leder, Felle, Wachs und Honig zu Wagen her und kauften Fabrikwaaren für ihre Heimath ein. In einzelnen Messen kamen 700 bis 1500 Männer her mit 200 bis 400 Wagen und 700 bis 1000 Pferden. Die erste Theilung Polens von 1772 hatte nur einen geringen Einfluß hierauf, denn noch bestand das polnische Reich; sehr merklichen Einfluß äußerte aber die zweite Theilung von 1793 und der sich daran knüpfende Krieg unter Kosciuszko von 1794, wegen dessen den Polen der Eintritt in Preußen untersagt wurde. 1795 wurde der letzte Bestand von Polen unter Rußland, Oesterreich und Preußen getheilt, Polen hörte auf als ein eigener Staat zu bestehen, und jeder der drei Staaten führte neue Zollgesetze in seinem Antheile ein, so daß nicht mehr im früheren Sinne von polnischen Meßfieranten die Rede sein konnte. Die neue Gesetzgebung in allen Antheilen war streng und abschließend, so daß der einst so wichtige Meßhandel nach Osten seine Bedeutung verlor. Das Edict vom 11. März 1812, durch welches fremden Juden der Meßbesuch wieder gestattet wurde, hängt hiermit zusammen.

Die wichtige Frage: wieviel von den hergebrachten Gütern verkauft worden ist, kann nicht in Zahlen beantwortet werden, denn die Verkäufe entziehen sich der Controle. Die hierüber aufbewahrten Nachrichten lauten nur dahin: die Messen wären recht gut, gut, mittelmäßig oder gering gewesen und ist anzunehmen, daß in einer recht guten Messe mehr als drei Viertel der Waarenvorräthe verkauft worden ist; eine gute Messe wird nur wenig dahinter zurückbleiben; eine mittelmäßige Messe wird etwa die Hälfte der Waaren unverkauft zurücklassen und bei einer geringen Messe noch weniger verkauft sein. Es bezieht sich dieses allein auf den Großhandel, der stets in der ersten Meßwoche beendigt wird.

Das Gesammtbild, welches diese Angaben und Zahlen zurücklassen, ist wohl Folgendes: ein Steigen und Fallen des Meßverkehrs, herbeigeführt durch Krieg und Frieden, durch die Gesetzgebung und durch das ins Lebentreten neuer Verkehrsmittel. Der Meßhandel wurde herabgedrückt durch das Prohibitiv-System, durch den schweren Krieg mit Frankreich, er hob sich wieder nach dem Frieden, durch die gewährte Handelsfreiheit und durch den Abschluß des Zollvereins, so erlangte derselbe eine früher nicht gekannte Höhe; der Verkehr auf den Eisenbahnen eröffnete dem allgemeinen Handel neue Wege und leitete denselben von den Messen ab.

IV.
Der Verkehr auf den einzelnen Messen.

Nach der allgemeinen Uebersicht vom Meßverkehr ist zu dem Verkehre der einzelnen Messen überzugehen. Die aufbewahrten Nachrichten aus früherer Zeit sind spärlich, sie vervollständigen sich aber nach und nach; doch ist es unthunlich, von jeder Messe aus den letzten Jahrhunderten zu reden, weil zu viel wiederholt werden müßte, und so werden nur diejenigen Messen oder einzelne Jahrgänge hervorgehoben werden, die Besonderes darbieten.

Durch die Gesetzgebung, und nur durch diese, ist es bekannt, daß schon um die Mitte des dreizehnten Jahrhunderts Märkte in Frankfurt a. O. abgehalten sind, die später Messen genannt wurden; wie sich der Verkehr darauf gestaltete, bleibt im Dunkeln. Erst zu Ende des sechszehnten Jahrhunderts tritt Einzelnes hervor; die Pest war 1598 in der Mark ausgebrochen, weshalb der Kurfürst den Magistrat auffordern ließ: die Martini-Messe auszusetzen, um weitere Ansteckung zu verhüten. Die Stadtbehörde erwiderte darauf am 16. September: jetzt lasse sich die Messe nicht mehr aufheben, denn schon hätten sich viele fremde Nationen versammelt, als aus den Niederlanden, Frankreich, England, Savoyen, Italien, Cöln, Wien, Augsburg, Würtemberg, Danzig, Frankfurt a. M., Böhmen, Polen, Breslau und aus anderen Orten und betrieben Handel; dazu wären viele Wechsel auf hier gezogen; sollte nun der bevorstehende Markt nicht abgehalten werden, so würde das für die Fremden die traurigsten Folgen haben und die Bürgerschaft müßte einen großen Ausfall in ihrem Einkommen erleiden. Die Entscheidung hierauf findet sich nicht, doch läßt sich annehmen, daß, ungeachtet der Pest, der Markt abgehalten wurde. Nach dieser Darstellung hatten die Messen ein weites Handelsgebiet durch einen großen Theil Europas; auch der Hinweis auf den Wechselverkehr ist von Bedeutung. Im

Jahre 1611 trat ein ganz ähnlicher Fall ein; wieder erging an den Magistrat die Aufforderung, der Pest wegen keine Messe abhalten zu lassen, was aber derselbe mit Hinweis auf seinen Bericht vom 16. September 1598 ablehnte und hinzufügte: es würden etliche Franzosen und Welsche erwartet, so auch viele Böhmen, Niederländer, Engländer, Preußen, ebenso auch Fieranten aus Cöln a. R., Frankfurt a. M., Augsburg, Nürnberg, Meißen, Sachsen, der Lausitz, den beiden Pommern, Mecklenburg, Braunschweig, Hamburg und anderen Orten. Durch Aussetzung der Messe würden nicht nur die Handelsleute und die Stadt einen großen Schaden erleiden, sondern würde der Kurfürst auch die Accise einbüßen. Ersieht man auch hieraus nichts Einzelnes, so ergiebt sich doch daraus, daß bei dem Zufluß so vieler Fremden die Geschäfte in Blüte gestanden haben müssen. Der Meßhandel hat sich aber auf dieser Höhe nicht erhalten können, denn bald brach der breißigjährige Krieg aus und vernichtete allen Handel. Den Einfluß dieses Krieges auf den Meßhandel ersieht man zuerst aus einem Schreiben des Magistrats zu Leipzig an den Magistrat zu Frankfurt a. O., vom Jahre 1621, worin die Forderung gestellt wird: bei der bevorstehenden Reminiscere-Messe durch die Landesbehörde dafür Sorge tragen zu lassen, daß durch eine Salvegarde den Reisenden und Waarentransporten Sicherheit gegen die Kriegsgefahren gewährt werde. Der Magistrat berichtete deshalb sehr ausführlich an den Landesherrn und bat um seinen besonderen Schutz. Bald traten die Kriegsereignisse unmittelbar dadurch an Frankfurt heran, daß von 1626 an die große Militärstraße von der Mark nach Schlesien her verlegt wurde. Die österreichischen und schwedischen Heere zogen durch die Stadt, nahmen Quartier, forderten Contributionen und manche Gefechte fanden in der nächsten Nähe statt; das gewaltsamste Ereigniß war aber die Belagerung im Jahre 1631. Die Stadt war von Oesterreichern besetzt und König Gustav Adolf von Schweden vertrieb dieselben nach schweren Kämpfen. Frankfurt wurde geplündert und zum Theil in einen Aschenhaufen verwandelt. Zu Ende des langen Krieges war die Stadt entvölkert, Handel und Gewerbe bestanden nicht mehr und über fünfzig Jahre verflossen, ehe die Wunden, die der Krieg geschlagen hatte, anfingen zu heilen. In dieser Zeit konnte der Meßhandel nicht fortbestanden haben, denn es fehlte für die Reisenden, für die Waarentransporte und selbst für den Aufenthalt in der Stadt die nothwendige Sicherheit. Aus dieser Kriegszeit fehlt auch jede Aufzeichnung über die Messen und erst 1655 findet sich eine unbedeutende Spur, daß sie wieder abgehalten sind; es beantragte nämlich der Kleinhändler Martin Möller: es möchte ihm das Recht erhalten werden, allein gekochtes und gebratenes Fleisch auf den Messen feil zu halten, wurde aber ernstlich zurückgewiesen. Im Jahre 1658 wurde an den Kurfürsten darüber eine Beschwerde gerichtet, daß die Messen nur noch drei oder vier Tage dauerten und keine bestimmte Zeit festgesetzt wäre, wenn die Zahlung der Wechsel erfolgen müsse, was sich im Verkehr recht fühlbar mache. Der Kurfürst ordnete deshalb an, es solle, wie in Leipzig, der Markt am Montag eingeläutet werden, die Zahlzeit trete dann am nächstfolgenden Freitag ein und daure acht Tage, dann wäre der Markt auszuläuten; die Dauer der Messe war hiernach auf fast zwei Wochen festgesetzt. Der unbefriedigende Zustand der Messen wurde als eine Folge des Krieges anerkannt.

Bis nach der Mitte des siebenzehnten Jahrhunderts hatten sich die Landesherren wenig um den Meßhandel bekümmert und sich mit den geringen Abgaben begnügt; dann aber beginnt die Zeit, von welcher an eingreifende Verordnungen für verschiedene Ziele erlassen wurden. 1669 wurde die Ausfuhr der Wolle von den Messen untersagt und nur den frankfurter Gewandschneidern der Ankauf gestattet, um ihnen die Wolle möglichst billig zuzuwenden. Dieses Privileg war aber nicht von langer Dauer, denn es widerstrebte dem freien Meßhandel. Der Pferdehandel war auf den Messen stets von Bedeutung und oft gingen die Einkäufer den Händlern entgegen, um die Geschäfte abzuschließen. 1669 verbot der Kurfürst diese Vorkäufe, der Handel sollte nur auf dem Markte selbst in der Weise betrieben werden, daß zuerst ihm selbst oder seinem Stallmeister die Pferde zur Auswahl vorgeritten würden, dann erst stand der weitere Handel frei. — Aus dem Jahre 1671 finden sich einige Anträge auf Beschränkung des Meßhandels der Juden und der Tuchmacher aus den umliegenden Städten, zu Gunsten der frankfurter Tuchmacher; auf Beides ging die Regierung nicht ein, um den freien Meßhandel nicht zu beschränken. Die Regierung ging 1696 noch weiter vor und gestattete allen inländischen Handwerkern, ihre selbstgefertigten Waaren während acht Tagen frei auf den Messen auszustellen; hiermit beginnt der später so weit ausgedehnte abgabenfreie Meßhandel mit allen inländischen Fabrikaten zur Hebung des Gewerbebetriebs im Inneren. Kurfürst Friedrich III. zeigte überhaupt eine besondere Theilnahme für den Meßhandel und besuchte 1696 die Margarethen = Messe, um sich vom Geschäftsleben zu überzeugen, untersagte aber jeden feierlichen Empfang. Die mehrfach erhobenen Beschwerden wegen Verpachtung der Meßbuden bemühte sich der Magistrat, in dieser Zeit, auszugleichen und die Ordnung herzustellen.

Seit Beginn des achtzehnten Jahrhunderts wurden wichtige Verhandlungen wegen Einführung eines eigenen Meß-Handelgerichts geführt, denn nur nach Herkommen waren die Meßstreitigkeiten dem frankfurter Stadtgerichte zugewiesen; namentlich verlangten die Stettiner die Entscheidung durch ihr Heimathsgericht. Um diese Sache zu ordnen, machte die kurmärkische Krieges- und Domänen-Kammer bei den Ministern den Vorschlag, ein besonderes Handels- oder Wettgericht einzuführen, mit dem Anheimgeben: besondere Richter dafür zu bestellen oder die Sache dem frankfurter Stadtgerichte zu übertragen. Hieraus entwickelte sich ein langer Schriftwechsel, doch enthalten die vorliegenden Acten nicht darüber die Entscheidung; es ist aber bekannt, daß die Meßstreitigkeiten dem Frankfurter Stadtgerichte übertragen wurden und sind von diesem auf das Kreisgericht übergegangen.

Die große Bedeutung der polnischen Juden für den Meßhandel ist bereits erwähnt, es ist dem noch hinzuzufügen, daß vom Jahre 1739 ein königliches Privilegium vorliegt, welches nähere Aufschlüsse gewährt. Die Juden aus Kleinpolen hatten sich mit der Bitte an den König gewandt: ihnen zu gestatten, einen besondern Commissär in Frankfurt einzusetzen, nebst den erforderlichen vier Bedienten, Domestiken und Familien, wie solches schon für Breslau gestattet sei, nicht blos messentlich, sondern feststehend, um in= und ausländische Waaren einzukaufen, zu verschreiben und nach Polen zu senden, auch im Lande mit den aus Polen kommenden Waaren, als Wachs, Leder, Federn, Rauchwerk und dergleichen Handel zu treiben. Dieses Gesuch wurde genehmigt und nur bedungen, daß die Juden dieselben Abgaben zahlen sollten wie die eigenen Unterthanen. Diese Commandite wird bis zur letzten Theilung Polens bestanden haben.

Mit dem Jahre 1754 beginnt die Zeit, in welcher nach und nach Nachrichten über die Erfolge der einzelnen Messen überliefert werden; aus Allem ergiebt sich, bis in die neueste Zeit, daß die Reminiscere-Messe den mittelgroßen Verkehr hat, die Margarethen-Messe die bedeutendste und die Martini-Messe die geringste ist.

Kurz vor und während des siebenjährigen Krieges sind dem Könige Berichte über den Ausfall der Messen erstattet, zuerst über die Margarethen- und Martini-Messe von 1754. Danach wird die erste ziemlich günstig beurtheilt; viele Verkäufer hatten sich eingefunden und viele Waaren mitgebracht, besonders viele polnische rohe Erzeugnisse; an Käufern aus dem Reiche, Mecklenburg, Schwedisch-Pommern, Sachsen, Schlesien und Brandenburgschen hatte es nicht gefehlt. Am meisten wären verkauft inländische seidene Waaren, Tuche, baumwollene und wollene Stoffe, schlesische Leinwand und Specerei- und Material-Waaren, die meisten inländischen Verkäufer wären befriedigt heimgekehrt. Von den Ausländern wird nicht besonders geredet, doch noch angeführt: der Debit würde größer gewesen sein, wenn Oesterreich nicht so bedeutende Consumtions-Abgaben in Böhmen und Mähren eingeführt hätte und die polnischen Juden nicht schon in Breslau das Wachs, wegen der erlangten guten Preise, verkauft hätten. Die Wolle wäre meist nach Stockholm und Kopenhagen ausgeführt und 557 Stück Pferde wären verkauft. Vergleicht man die Angaben über die anwesenden Meßfremden mit denen, die vor dem dreißigjährigen Kriege gemacht sind, so erscheint das Handelsgebiet weit beschränkter, damals kamen Meßfremde aus allen Himmelsgegenden und jetzt nur noch aus Osten und Norden. Der Erfolg der Martini-Messe ist viel ungünstiger gewesen, weil die polnischen Handelsleute zurückgeblieben waren. In Warschau war ein Reichstag abgehalten und hätten sie eine gute Gelegenheit gehabt, ihre Handelsgeschäfte dort zu betreiben. Aus dem Berichte über die Reminiscere-Messe von 1758 sind nur Klagen zu vernehmen, weil das Ergebniß viel geringer als im Vorjahre gewesen ist; die Furcht vor den Kriegsgefahren, vor feindlicher Invasion, sei die Veranlassung, daß die Verkäufer weniger Waaren hergebracht hätten. Doch hätten die noch in Frieden lebenben Polen für ihren Handel nach Rußland und der Türkei große Einkäufe in seidenen und baumwollenen Stoffen gemacht; der große Jahrmarkt in Brody (Galizien) hätte aber auch Manchen an sich gezogen. Der erlangte Preis für die inländischen Waaren sei angemessen gewesen und mehrere berliner große Seidenfabrikanten wären befriedigt, so auch mit dem Tuchhandel. Viel geräuchertes Fleisch sei aus Pommern hergebracht, weil wegen der schlechten Erndteaussichten viel Vieh geschlachtet sei. Als Meßwaaren werden bezeichnet: Wolle aus der Mark, Polen und Schlesien, inländische Tuche, Felle, Honig und Pferde; endlich auch Gewebe aus Wolle, Baumwolle und Seide. Die Meßaccise betrug 2391 Thlr., etwas weniger als im Vorjahre, und müßten davon verausgabt werden an Gehältern und Antheil der Stadt 902 Thlr., so daß zur Staatskasse nur 1489 Thlr. kamen. Der Bericht über die Margarethen-Messe von 1758 lautet ziemlich in gleicher Weise; die Befürchtungen wegen des Krieges hatten jedoch manchen Verkäufer nicht abgehalten, seine Waaren herzuschaffen, weil die Messen in Leipzig und Frankfurt a. M. schlecht ausgefallen waren und nur hier auf Absatz gehofft wurde. Auch die polnischen Juden fanden sich wegen ihres Handels nach der Ukräne und der Türkei ziemlich zahlreich ein, hatten von unterwegs Boten nach Frankfurt gesandt, um sich zu erkundigen: ob auch genügende Waaren-Vorräthe am Platze wären — soweit ging das Mißtrauen. Doch waren Einkäufer aus Großpolen, der Neumark, Pommern und Schlesien zurückgeblieben, besonders aber aus dem Posenschen, weil sich da die russische Armee versammelte. Der Waarenabsatz in Tuchen und Sammt befriedigte und wird der Türke Constantin Abraham aus Jassy dabei besonders benannt. — Die Kriegsbefürchtungen gehen auch aus dem Berichte über die Martini-Messe von 1758 hervor; die Verkäufer hatten deshalb nur geringe Waarenvorräthe hergeführt; doch waren nicht wenige Einkäufer aus Groß-Polen, Mecklenburg und dem Reiche eingetroffen, so daß der Bestand an wollenen Waaren nicht genügte und um zwanzig Procent im Preise stieg. Ueberhaupt hat der Mangel an Winterzeugen die Einkäufer veranlaßt, ihre Mittel zum Ankauf anderer Waaren zu verwenden, besonders baumwollene Stoffe, Material- und Specerei-Waaren ꝛc. Diese drei Berichte über die Messen von 1758 sind die ersten, welche sich eingehend über den

Verkehr auslassen, und so schien es angemessen, näher auf dieselben einzugehen, wenn sich auch übereinstimmend aus jedem ergiebt, daß der Erfolg höchstens mittelmäßig war; doch ist der Absatz nach der Türkei und den Nachbarländern noch stets durch die polnischen Juden vermittelt worden. Diese Meßberichte sind von der Finanz-Behörde erstattet, um auch Rechenschaft über die Erträge der Meß-accise zu geben, und so findet sich darin die nähere Angabe über die einzelnen Sätze, verglichen mit dem Vorjahre; die desfallsigen Zahlen werden hier übernommen, weil sie einen kleinen Ueberblick über den Meßverkehr geben.

Gegenstände, für welche die Meßaccise 1758 erhoben ist.	Reminiscere.			Margarethen.			Martini.		
	Thlr.	Gr.	Pfg.	Thlr.	Gr.	Pfg.	Thlr.	Gr.	Pfg.
Leinwand	65	18	—	76	6	—	89	18	—
Wolle	181	6	6	293	7	3	119	17	6
Tuche	5	22	—	7	6	—	5	3	—
Felle	66	19	—	80	6	9	29	11	6
Honig	24	6	—	31	4	6	9	10	6
Ansagewaaren [1])	761	—	—	891	—	—	679	2	—
Losung [2])	1,220	9	6	1,331	8	—	1,159	18	6
Pferde	53	14	—	73	—	—	38	—	—
Insgemein	12	22	3	19	5	—	18	11	3
Zusammen	2,391	21	3	2,798	19	6	2,149	6	3
Betrag von 1757	2,406	19	10	2,891	7	-	1,972	21	9

Beide Jahre haben fast gleiche Erträge und sind Ansagewaaren und Losung die Hauptposten. Die Waarenmengen, die zu diesen Messen gebracht sind, finden sich nur zum Theil angegeben, und wurde meßentlich geschätzt die rohe Schafwolle zu 1200 bis 1500 Ctr., Tuche zu 2800 bis 4000 Stück, von denen etwa die Hälfte ins Ausland ging; als besonders gute Tuche werden die aus Goldberg und Zielenzig bezeichnet, von denen zu Militär-Uniformen viel Gebrauch gemacht wurde. Von anderen inländischen Webestoffen aus Wolle, Halbseide und Baumwolle sollen meßentlich 6000 bis

---

[1]) Unter Ansagewaaren werden besonders Schnittwaaren verstanden
[2]) und unter Losung die Abgabe der Einkäufer.

8000 Stück hergebracht sein, deren Werth zu 58,000 bis 80,000 Thlr. geschätzt wurde, sie fanden Absatz nach der Mark, Lausitz, nach Schlesien und Polen. Die polnischen Juden hatten wieder Wachs, Honig und Felle hergebracht und mit dem Erlöse Webestoffe angekauft. Der Meßhandel mit Material- und Specereiwaaren, die zum Theil aus Hamburg kamen, war nicht unbedeutend und wurde der Centner Zucker mit 40 Thaler bezahlt. Im Vergleich mit der Menge von Waaren, die hundert Jahre später zu den Miessen gebracht sind, erscheinen die vorliegenden Angaben gering.

Ueber die Miessen des Jahres 1761 findet sich Folgendes. In der Reminiscere-Messe werden die Klagen über den Druck des Krieges immer lauter und schließen sich daran die Klagen über das schlechte Geld, welches den nachtheiligsten Einfluß auf den Handel übe. Dennoch habe der Verkauf den Wünschen entsprochen, obgleich die Frachten sehr gestiegen wären, wegen Mangel an Pferden; früher hätte von Frankfurt a. M. das Schiffspund 12 bis 14 Thlr. gekostet und jetzt zwischen 40 bis 50 Thlr. Wieder sind es die polnischen Juden, die Leben in den Meßhandel bringen; sie hatten ihre Waaren gut verkauft, sich in Ducaten und anderem guten Gelde Zahlung zu verschaffen gewußt, dafür schlechtes Geld eingewechselt und damit Zahlung geleistet, in dieser Weise hätten sie viel berliner Silbergeräth für polnische Herrschaften angekauft. Es hätten sich heimlich in Frankfurt polnische Zollbeamten eingefunden, um die Einkäufe zu erfahren, und so den Defraudationen entgegen zu treten. — Von der Margarethen-Messe wird überliefert, daß, obgleich das russische Heer sich wieder in Landsberg a. W. versammelte, dennoch viele Waaren hergeschafft worden wären; die Meßaccise mit 4094 Thlr. bestätigt dieses, durch den hohen Ertrag; Russen und Polen haben die meisten Einkäufe gemacht. Die Martini-Messe war bedeutend geringer und gab nur 2983 Thlr. Accise; die Klagen über das schlechte Geld wiederholen sich; für alle Waarengattungen waren Einkäufer anwesend, besonders für Tuche, von welchen 7743 Stück am Platze waren.

Aus dem für die Landesgeschichte so wichtigen Jahre 1762 sind nur Nachrichten über die Reminiscere- und Margarethen-Messe auffindlich gewesen. Die russische Kaiserin Elisabeth, seit 1754 so eng mit der österreichischen Kaiserin Maria Theresia gegen den König

Friedrich II. verbunden, starb in den ersten Tagen des Jahres, ihr Nachfolger, Kaiser Peter III., löste sofort diesen Bund mit Oesterreich und schloß Frieden mit Preußen. Hierdurch verlor Maria Theresia ihre Hauptstütze, sie mußte die Hand zum Frieden bieten, der am 15. Februar 1763 zu Hubertusburg zu Stande kam. Die guten Erfolge der Friedenszeit für den Meßhandel und überhaupt für den Handel, ließen aber noch lange auf sich warten, denn die Staaten, die in dem langdauernden Krieg verwickelt gewesen waren, waren verarmt und erschöpft. So erscheint der Handel auf den beiden Messen eher einen Rückschritt als Vorschritt gemacht zu haben; zu jeder derselben waren nur 4500 bis 6500 Sack Wolle und einige Pack aus Polen gebracht und meist ins Ausland verkauft; die Tuche sind zu 4500 und 6500 Stück ermittelt, von denen etwa die Hälfte für das Militär angekauft ward; die inländischen Schnittwaaren aus Wolle, Halbseide und Baumwolle wurden mit 9348 Stück zum Werthe von 231,427 Thlr. und 12,391 Stück zu 336,738 Thlr. berechnet; die Nachfrage war nicht lebhaft. Der Handel mit Wachs, Fellen, Materialwaaren und Leinwand wird als gedrückt geschildert, denn es fehlten die Einkäufer; viele Pferde wurden für das Kriegsheer angekauft. Für beide Messen betrug die Accise 7338 Thlr., was darauf deutet, daß die Waarenzufuhr sich nicht gemindert hatte.

Für die Zeit von 1763 bis 1780 ist es nicht gelungen, Nachrichten über den Ausfall der einzelnen Messen aufzufinden, es ist aber als sicher zu betrachten, daß der dauernde Frieden und die Hebung der inländischen Gewerbethätigkeit günstig eingewirkt habe. Eine vorgefundene allgemeine Schätzung, der es aber an Zuverlässigkeit fehlt, nimmt an, daß der Werth der während der Kriegszeit zu den Messen gebrachten Waaren etwa jährlich zwei Millionen Thaler betragen habe. Dagegen ersieht man aus den sehr eingehenden Nachrichten für die Jahre 1781 bis einschließlich 1789, daß sich der Jahreswerth von 3,759,000 Thlr. auf 4,884,000 Thlr. hob; es ist daher als sicher anzunehmen, daß der Meßverkehr von Jahr zu Jahr an Umfang zugenommen hat.

Die Nachrichten über den Meßverkehr während der achtziger Jahre sind aber so eingehend und bedeutend, daß sie hier aufgenommen werden. Es wird dazu vermerkt, daß die in der

erften Spalte aufgenommenen römischen Zahlen folgende Bedeutung haben:
I. Edelsteine, Gold- und Silber, ächte und unächte Treffen, Broderien, Sammt, seidene Waaren, Tücher, Seide und alle Arten halbseidener Waaren.
II. Wollene Tuche, Flanelle, Friese, ganz- und halbwollene Zeuge, Serge, wollene Bänder, Mützen, Strümpfe, Garn und Wolle.
III. Baumwollene Zeuge, Zitz, Cattun, Tücher, Strümpfe, Mützen, Handschuhe, Garn, Manchester und Waaren aus Kameelhaaren.
IV. Leinwand und halbseidene Leinenwaaren, Tücher, Bänder, Strümpfe, Garn und Hanfwaaren.
V. Galantrien, Kanten, Blonden, Spitzen, Putz, Modewaaren, Blumen.
VI. Cincallerien, Stahl-, Eisen- und nürnberger Waaren, Knöpfe, Kämme, Gläser, Stühle, Bücher und alte Kleider.
VII. Rohe und zubereitete Felle, Leder, Pelzwerk, Rauch- und Kürschner-Waaren.
VIII. Material-, Specerei- und Farbewaaren, Wachs, Honig und Salpeter.
IX. Vieh und Pferde.

Werth der Meß-Waaren in Thalern.

Jahr	Gegenstand	Reminiscere Inländische Thlr.	Reminiscere Ausländische Thlr.	Margarethen Inländische Thlr.	Margarethen Ausländische Thlr.	Martini Inländische Thlr.	Martini Ausländische Thlr.	Zusammen Thlr.
1781	I.	232,364	42,151	294,027	63,323	185,346	34,175	Inländische 2,827,790 unb ausländische 931,376
	II.	272,137	99,576	337,095	103,531	197,085	67,657	
	III.	149,579	64,170	210,126	52,969	104,900	34,388	
	IV.	70,163	37,226	82,838	30,619	50,123	18,229	
	V.	13,309	9,273	18,159	9,749	12,193	5,721	
	VI.	43,598	17,231	49,407	18,086	29,316	12,779	
	VII.	42,413	62,309	77,644	45,350	43,262	16,591	
	VIII.	100,423	16,097	68,116	37,828	93,103	17,187	
	IX.	27,375	5,335	13,189	7,875	10,500	7,351	
Zusammen meßentlich		951,361	347,368	1,150,601	369,930	725,828	214,078	zusammen 3,759,166
		1,298,729		1,526,531		939,906		
1782	I.	203,789	40,208	263,176	72,925	179,506	39,124	Inländische 2,631,994 unb ausländische 831,022
	II.	221,040	75,170	288,858	98,695	201,043	70,415	
	III.	133,062	53,359	199,340	52,588	116,866	36,951	
	IV.	56,314	24,332	82,117	34,737	56,564	22,697	
	V.	15,083	9,752	31,785	11,012	15,921	4,219	
	VI.	34,417	15,534	52,540	19,251	28,746	14,614	
	VII.	52,653	28,101	47,204	18,926	31,973	13,938	
	VIII.	83,255	15,417	79,134	30,169	81,933	14,586	
	IX.	22,497	3,145	19,724	5,640	14,344	5,520	
Zusammen meßentlich		822,115	265,018	1,073,878	343,943	736,001	222,067	zusammen 3,463,022
		1,087,133		1,417,821		958,068		
1783	I.	209,492	45,046	277,964	64,538	185,043	33,667	Inländische 2,878,102 unb ausländische 1,024,089
	II.	275,989	92,512	333,673	128,409	250,010	89,178	
	III.	150,576	69,290	211,584	66,121	125,671	50,332	
	IV.	68,582	34,507	82,901	41,788	60,506	23,753	
	V.	27,657	9,014	23,670	10,154	17,808	5,803	
	VI.	33,999	15,454	43,353	20,025	37,675	16,293	
	VII.	39,439	51,567	63,221	61,257	58,907	19,713	
	VIII.	74,329	11,120	74,419	25,328	101,541	9,977	
	IX.	21,392	14,848	16,492	8,885	12,859	5,580	
Zusammen meßentlich		901,405	343,388	1,126,677	426,505	850,020	254,196	zusammen 3,902,191
		1,244,793		1,553,182		1,104,216		

Werth der Meß-Waaren in Thalern.

Jahr	Gegenstand	Reminiscere Inländische Thlr.	Ausländische Thlr.	Margarethen Inländische Thlr.	Ausländische Thlr.	Martini Inländische Thlr.	Ausländische Thlr.	Zusammen Thlr.
1784	I.	221,863	39,831	298,106	75,220	211,894	34,337	Inländische 2,943,308 unb ausländische 1,005,152
	II.	252,960	50,963	345,600	120,230	239,958	90,774	
	III.	157,121	60,446	228,513	72,259	112,583	47,159	
	IV.	60,403	34,015	83,784	33,455	55,226	22,276	
	V.	32,008	8,744	23,558	9,821	18,432	5,560	
	VI.	42,029	16,092	52,311	26,026	35,753	17,580	
	VII.	41,149	65,531	46,403	46,752	36,237	11,595	
	VIII.	94,173	11,285	98,410	23,432	103,858	16,730	
	IX.	19,450	7,760	16,799	11,799	16,697	5,480	
Zusammen meffentlich		921,186	334,667	1,193,484	418,994	828,638	251,491	zusammen 3,948,460
		1,255,853		1,080,478		1,080,129		
1785	I.	256,942	33,904	374,586	62,742	228,215	34,835	Inländische 3,080,229 unb ausländische 983,618
	II.	243,036	86,452	377,661	100,825	234,704	82,847	
	III.	165,774	68,075	230,981	64,457	119,367	47,961	
	IV.	55,698	28,251	88,805	32,877	45,195	20,899	
	V.	26,369	8,502	29,286	9,600	16,449	5,270	
	VI.	37,244	14,114	43,233	21,532	32,927	15,866	
	VII.	35,269	15,826	47,924	110,146	59,623	31,855	
	VIII.	101,812	23,364	93,271	32,187	98,448	7,536	
	IX.	13,433	9,365	11,451	10,760	12,526	3,570	
Zusammen meffentlich		935,577	287,853	1,297,198	445,126	847,454	250,639	zusammen 4,063,847
		1,223,430		1,742,324		1,098,093		
1786	I.	300,275	45,765	407,842	67,246	73,427	73,377	Inländische 2,781,255 unb ausländische 942,321
	II.	283,347	88,248	371,605	115,317	135,815	83,741	
	III.	178,752	68,525	259,468	80,210	46,059	14,782	
	IV.	64,777	29,861	91,448	33,721	32,978	17,840	
	V.	30,643	6,322	43,457	7,644	5,724	3,877	
	VI.	40,588	16,171	43,980	22,175	23,185	7,580	
	VII.	32,924	37,387	64,087	59,206	15,042	7,239	
	VIII.	93,915	15,099	94,413	12,571	12,042	5,371	
	IX.	15,491	7,780	15,064	12,035	4,911	3,230	
Zusammen meffentlich		1,040,709	315,158	1,391,364	410,125	349,193	217,037	zusammen 3,723,576
		1,335,867		1,801,489		566,220		

5*

Werth der Meß-Waaren in Thalern.

Jahr	Gegenstand	Reminiscere Inländische Thlr.	Ausländische Thlr.	Margarethen Inländische Thlr.	Ausländische Thlr.	Martini Inländische Thlr.	Ausländische Thlr.	Zusammen Thlr.
1787	I.	344,830	51,769	444,358	94,946	223,859	39,407	Inländische
	II.	291,259	76,451	428,297	125,497	237,438	71,249	bische
	III.	157,333	85,805	231,473	104,914	106,160	60,156	
	IV.	67,527	27,915	102,381	32,028	53,013	22,624	3,370,780
	V.	22,948	8,775	38,207	7,544	18,762	8,994	
	VI.	38,424	14,174	51,395	19,679	35,850	13,842	unb
	VII.	42,385	37,727	58,764	84,868	51,871	46,701	ausländ-
	VIII.	76,031	11,330	105,385	18,110	94,783	6,644	bische
	IX.	23,082	8,025	14,205	10,225	10,760	5,670	1,095,069
Zusammen wesentlich		1,063,819	321,971	1,474,465	497,811	832,496	275,287	zusammen
		1,385,790		1,972,276		1,107,783		4,465,849
1788	I.	284,525	46,221	433,781	60,597	280,326	54,887	Inländische
	II.	269,011	88,630	428,985	126,942	264,102	107,419	bische
	III.	165,982	89,249	275,119	97,202	159,784	89,790	
	IV.	60,824	34,961	91,273	38,098	61,100	29,084	3,582,393
	V.	25,711	10,199	49,631	18,001	20,760	5,985	
	VI.	39,459	18,613	56,741	21,470	65,240	19,400	unb
	VII.	50,990	46,151	69,405	39,323	47,190	11,163	ausländ-
	VIII.	99,021	10,998	121,411	18,323	114,881	8,608	bische
	IX.	13,424	7,186	23,082	5,570	10,635	11,150	1,115,220
Zusammen wesentlich		1,008,947	352,208	1,549,428	425,526	1,024,018	337,486	zusammen
		1,361,155		1,974,954		1,361,504		4,697,613
1789	I.	313,154	53,618	444,235	88,016	250,887	51,626	Inländische
	II.	263,753	100,959	409,670	142,923	274,410	114,761	bische
	III.	175,997	121,723	279,461	138,434	168,328	100,608	
	IV.	65,442	87,059	115,571	39,622	22,832	9,127	3,573,938
	V.	35,768	9,596	40,256	12,464	53,707	29,685	
	VI.	46,574	18,219	60,840	29,010	46,298	22,350	unb
	VII.	44,105	55,538	10,800	29,927	44,468	11,073	ausländ-
	VIII.	96,057	14,982	125,978	32,132	135,710	12,606	bische
	IX.	18,094	12,644	17,116	8,786	14,434	13,190	1,310,678
Zusammen wesentlich		1,058,944	424,338	1,503,927	521,314	1,011,067	365,026	zusammen
		1,483,282		2,025,241		1,376,093		4,884,616

Um die vorstehenden vielen Zahlen zu verbinden, wird die folgende Uebersicht eingerückt.

Uebersicht von dem Werthe der Waaren in Thalern, welche von 1781 bis 1789 zu den Messen gebracht sind.

Jahr.	Inländ. Waaren.	Ausländ. Waaren.	Zusammen.
1781	2,827,790	931,376	3,759,166
1782	2,631,994	831,028	3,463,022
1783	2,878,102	1,024,089	3,902,191
1784	2,943,308	1,005,152	3,948,460
1785	3,080,229	983,618	4,063,847
1786	2,781,255	942,321	3,723,576
1787	3,370,780	1,095,069	4,465,849
1788	3,582,393	1,115,220	4,697,613
1789	3,573,938	1,310,678	4,884,616
zusammen	27,669,789	9,238,551	36,908,340

Aus den einzelnen Angaben und dieser allgemeinen Uebersicht läßt sich Folgendes entnehmen.

1. Der Werth der inländischen Waaren hat dreimal mehr betragen als der ausländischen, doch nur nach dem Durchschnitt, da das Verhältniß im Einzelnen schwankend ist; immer bleibt aber der inländischen Waare ein bedeutendes Uebergewicht.

2. Der Werth der Waaren, welche nach der Durchschnittberechnung zu den einzelnen Messen gebracht sind, beträgt 1,367,000 Thlr., anfangs weniger, zuletzt mehr.

3. Der Werth der Meßwaaren ist von Jahr zu Jahr fast ununterbrochen ein steigender gewesen; es müssen daher immer mehr Waaren hergeschafft sein; dieses hätte aber nicht der Fall sein können, wenn nicht der Absatz sich vermehrt hätte, der Meßhandel war daher im Blühen.

4. Aus den Werthangaben und der gemachten Durchschnittsberechnung ergiebt sich, daß jährlich zu den Messen gebracht sind:
a) für 1,180,000 Thlr. wollene Stoffe aller Art;
b) für 1,073,000 Thlr. Edelsteine, Gold- und Silberwaaren,

Treffen, Broderien und seidene und halbseidene Waaren; wahrscheinlich hatten die seidenen Waaren den größten Antheil an der Summe;
c) für 741,000 Thlr. baumwollene Waaren;
d) für 336,000 Thlr. Material-, Specerei- und Farbewaaren, auch Wachs, Honig und Salpeter;
e) für 292,000 Thlr. Leinwand, halbseidene Leinenwaaren, Tücher, Bänder, Garn und Hanfwaaren;
f) für 279,000 Thlr. rohe und zubereitete Felle, Leder, Pelz-, Rauch- und Kürschner-Waaren;
g) für 180,000 Thlr. Cincallerien, Stahl-, Eisen- und nürnberger Waaren 2c. 2c.;
h) für 108,000 Thlr. Galanterien, Kanten, Spitzen, Broderien 2c.;
i) für 75,000 Thlr. Vieh und Pferde.

Nach den überlieferten Nachrichten über den Erfolg dieser siebenundzwanzig Messen hat sich in keiner etwas besonders Hervortretendes ereignet, sie waren meist befriedigend, doch wird stets über das schlechte Geld geklagt und dessen nachtheiligen Einfluß auf die Course. Von den im Einzelnen gemachten Bemerkungen sind folgende anzuführen. Es wird besondere Befriedigung mit der Reminiscere-Messe von 1781 und der Reminiscere- und Martini-Messe von 1782 ausgesprochen, weil die inländischen Webestoffe guten Abgang hatten; die drei Messen von 1783 befriedigten besonders wegen des guten Abgangs von Tuch und anderen inländischen Geweben. Zu der Reminiscere-Messe von 1784 hatten sich viele polnische Juden eingefunden, 1307 Personen, und hatten den Verkehr sehr belebt; es hatte sich unter den Meßfremden das Gerücht verbreitet: der Meßhandel mit fremden seidenen Waaren würde verboten werden; diesem trat der Magistrat mit der Bekanntmachung vom 11. Februar 1775 entgegen und versicherte, es würde ein solches Verbot nicht beabsichtigt; so sind die drei Messen befriedigend verlaufen, zumal sich zu jeder etwa tausend Juden eingefunden hatten. Die Messen von 1786 gehören zu den mittelguten; der Tod des Königs Friedrich II. machte keinen wesentlichen Eindruck auf den Handel. Eine kleine Erleichterung wurde dem Handel durch die Vereinigung der Transito-Abgabe mit der Eingangs-Abgabe gewährt. — Die Margarethen-Messe von 1787 war wegen des guten Absatzes besonders befriedigend und hatten sich dazu 1461 fremde Juden eingefunden; das Gewicht der zu 1,800,000 Thlr. geschätzten Waaren wird zu 47,280 Centner angenommen; solche Gewichtsangaben finden sich sehr selten und geben deshalb Veranlassung, damit die Gewichtsmengen der neueren Zeit zu vergleichen; so findet sich, daß in neuerer Zeit 80,000 Centner nicht sehr bedeutend erscheinen, zumal während einiger Jahre an 100,000 Centner hergeführt sind, es hatte daher die Menge der Meßgüter sehr zugenommen.

Von der Martini-Messe 1787 wird keine volle Befriedigung ausgesprochen, weil die schlechten Wege Menschen und Waaren zurückgehalten hätten und in Polen ein Viehsterben ausgebrochen war; als Seltenheit erscheint die Anwesenheit eines Verkäufers aus Manchester und aus Kopenhagen. Die drei Messen von 1788 waren sehr besucht und wurde, ungeachtet des russisch-türkischen Krieges viel verkauft; doch hatten die Polen und Russen viel von ihrem Credit verloren. Die Messen des Jahres 1789 erfreuten sich eines lebhaften Waarenverkehrs, besonders durch den Absatz nach dem Auslande.

Die eilf Jahre von 1790 bis 1800 müssen zusammengefaßt werden, während derselben gelangte das Prohibitiv-System zur größten Ausbildung; die Theilungen Polens zeigen ebenso die nachtheiligsten Folgen für den Meßverkehr, der Staat war aufgelöst und die Juden von dort mußten zurückbleiben.

Für die Jahre 1790 bis 1793 haben sich keine Nachrichten über den Ausfall der Messen auffinden lassen, doch ist anzunehmen, daß sie von den letzten Messen der achtziger Jahre sich nicht wesentlich unterschieden haben.

Die Messen des Jahres 1795 fielen in ihrer Weise noch befriedigend aus, besonders noch die Martini-Messe, in welcher für 1,729,951 Thlr. Waaren, theils inländische, theils ausländische, verkauft sein sollen; letzte werden zu 822,678 Thlr. geschätzt. Unter den 3316 Meßfremden zählte man 1893 polnische Juden, die politischen Ereignisse hatten sie also noch nicht zurückgehalten. Von dem Ausfall der Margarethen- und Martini-Messe des Jahres 1797 ist Mehreres durch Berichte des Ministers von Struensee bekannt. Zu der ersten wurde der Werth der Waaren zu 3,170,226 Thlr. geschätzt und der Verkauf der inländischen Waaren zu mehr als eine Million. Von der Martini-Messe wird angeführt, daß abgesetzt wären ausländische Waaren, innerhalb Landes für 211,453 Thlr. — außerhalb Landes für 1,018,014 Thlr. — zusammen 1,229,467 Thlr. und inländische Waaren innerhalb Landes für 595,899 Thlr. — außerhalb Landes für 89,720 Thlr. — zusammen 685,619 Thlr. — mithin in der ganzen Summe 1,915,086 Thlr. Sehr bemerkenswerth ist hierbei die überwiegende Menge der fremden Waaren, denn hierin lag mit die Veranlassung zur Schärfung der Einfuhr-Verbote. Der Bericht Struensee's über die Reminiscere-Messe von 1798 erfordert ein etwas näheres Eingehen; über den Erfolg derselben wird keine Befriedigung ausgesprochen, weil durch die Theilung Polens der Zwischenhandel mit dem Auslande vermindert sei, der doch für die Messen die höchste Bedeutung habe. Der Verkauf der ausländischen Waaren nach dem In- und Auslande wird nur auf 1,018,272 Thlr. geschätzt, was um 501,608 Thlr. weniger als im Vorjahre beträgt; der Handel mit inländischen Waaren hat die Höhe von 902,851 Thlr. erreicht, was 47,983 Thlr. mehr als im Vorjahre ausmacht und deßhalb befriedigte. Dann wird weiter erörtert, daß die Abnahme des Handels mit dem Auslande von den traurigsten Folgen begleitet sein werde, die Messen verlören ihre Bedeutung und die Stadtbewohner ihren Wohlstand, da ihre Magazine und Gewölbe unbenutzt blieben. Dem auswärtigen Handel lasse sich schwer aufhelfen, da russischer Seits die Einfuhr fremder Waaren sehr beschränkt worden sei; es wäre nur gestattet über die russischen Zollämter Georgenburg und Breszeg glatte seibene Waaren, Tücher und Leinwand einzubringen, alle anderen Gegenstände müßten über Petersburg oder Riga eingebracht werden. In Oesterreich seien alle fremben Fabrikate verboten und der Handel über Triest nur wurde begünstigt; der Waarenburchgang durch Preußen nach Oesterreich sei auf das Aeußerste erschwert. In den neuen preußischen Provinzen wurde der Verbrauch derjenigen fremden Waaren untersagt, welche auch im Lande hergestellt werden und die noch erlaubten Gegenstände mit hohen Abgaben belegt, um die Neupreußen an die inländischen Fabrikate zu gewöhnen. Durch alle diese neuen Anordnungen wäre das Handelsgebiet in einer früher nicht gekannten Weise beschränkt und wenn der Wohlstand des ganzen Landes nicht untergehen solle, müsse der inländische Handel gehoben werden. Dahin ging während zehn Jahren das unausgesetzte Streben Struensee's und so gut das Ziel auch war, so wurden doch dazu Wege betreten, welche dem Handel den größten Nachtheil brachten. Die Stadt Frankfurt erkannte auch die Gefahr, welche dem Meßhandel drohte und wandte sich mit der Bitte an den König: die Meßfreiheit zu beschützen, doch umsonst, denn es lag nicht in seiner Hand, die Nachbarstaaten zur Eröffnung ihrer Grenzen zu zwingen.

Aus den Akten ergiebt sich folgende Uebersicht über die Geschäfte der beiden Messen von 1798 und der drei Messen von 1799.

Messe u. Jahr.	Ursprung der Waaren.	Werth der verkauften Waaren nach dem			Bemerkungen, ob mehr oder weniger als im Vorjahr.
		Inlande Thlr.	Auslande Thlr.	Zusammen Thlr.	
Margarethen-Messe 1798	Ausland	275,864	927,985	1,203,849	769,241 Thlr. weniger.
	Inland	1,044,840	152,295	1,197,135	
	zusammen	1,320,704	1,080,280	2,400,984	
Martini-Messe 1798	Ausland	223,838	652,200	876,038	386,430 Thlr. weniger.
	Inland	578,151	74,461	652,612	
	zusammen	801,989	726,661	1,528,650	
Reminiscere-Messe 1799	Ausland	223,016	720,010	943,026	209,185 Thlr. weniger.
	Inland	672,478	96,432	768,910	
	zusammen	895,494	816,442	1,711,936	
Margarethen-Messe 1799	Ausland	356,371	1,072,277	1,428,648	224,531 Thlr. mehr.
	Inland	1,023,633	173,235	1,196,868	
	zusammen	1,380,004	1,245,512	2,625,516	
Martini-Messe 1799	Ausland	210,446	657,395	867,841	10,864 Thlr. weniger.
	Inland	570,664	79,280	649,944	
	zusammen	781,110	736,675	1,517,885	

Vorstehende Zusammenstellung erweist den Rückschritt des Meßverkehrs, denn von den fünf Messen blieben vier gegen das Vorjahr zurück, und nur eine hatte einen etwas besseren Erfolg, der dem bringenden Bedürfnisse zugeschrieben wird. Sie erweist ferner, daß der Werth der ausländischen Waaren zu 5,319,000 Thlr., der inländischen nur zu 4,465 Thlr. berechnet wurde, wo bisher die inländischen Waaren stets das Uebergewicht hatten; weiter erhellt, daß von den fremden Waaren allein über vier Millionen ins Ausland verkauft wurden, woraus die große Wichtigkeit des Intermebiär-Handels erhellt; es ist daher wohl begründet, wenn die Stadt versicherte, daß die Messen auf den Handel mit fremden Waaren beruhten.

Durch das früher angeführte Edict vom 12. September 1800 wurden die strengsten Prohibitiv-Maaßregeln, besonders gegen seidene und baumwollene Waaren, eingeführt; der Magistrat sprach sich wieder über die daraus erwachsenden schlimmen Folgen für den Meßhandel aus und legte eine Nachweisung über die Mengen der in- und ausländischen seidenen und baumwollenen Waaren vor, welche von 1782 bis 1799 hergebracht worden waren, um die hohe Wichtigkeit der fremden Waaren zu erweisen; es wurden in Thalerwerth hergebracht:

	seidene Waaren	baumwollene Waaren
ausländische	7,754,889	9,270,457
inländische	2,012,219	626,502
der Werth der ausländischen Waaren war daher höher um	5,742,670	8,643,955

Der Magistrat hielt hierdurch für erwiesen, daß, wenn diese ausländischen Gegenstände den Messen entzogen würden, der Handel zu Grunde gehen müsse, besonders der Intermebiär-Handel, weil die meisten fremden Waaren wieder in das Ausland geführt würden. Diese Vorstellung hatte keinen wesentlichen Erfolg, denn, wie schon angeführt, der Intermebiär-Handel wurde nicht untersagt, aber sehr erschwert, um den Schleichhandel zu verhüten, und die Grenzen von Oesterreich und Rußland blieben verschlossen.

Die Messen vom Jahre 1800 theilten das Schicksal der vorjährigen, der Waarenverkehr verminderte sich, besonders weil die ausländischen Stoffe zurückblieben.

In die Zeit des vollständigen Prohibitiv-Systems fallen die Messen von 1801 bis 1810 und zeichnen sich dadurch aus, daß zwar der Werth der inländischen Waaren mit dem der achtziger Jahre sich ziemlich gleich blieb, die erwartete Steigerung nicht eintrat, der Werth der ausländischen Waaren aber herabsank. In der Uebersicht von den zu den Messen geführten Waaren ist, nach Struensee's Angabe, bereits angezeigt, zu welchem Werthe die Waaren in dieser Periode geschätzt wurden; im Jahre 1801 waren für 3,190,000 Thlr. inländische und für 1,045,000 ausländische am Platze, 1805 aber für 3,147,000 Thlr. inländische und nur für 777,000 Thlr. ausländische. In dem Kriegsjahre 1806, wo nur zwei Messen abgehalten werden konnten, wurden nur für 2,582,000 Thlr. inländische und für 617,000 Thlr. ausländische Waaren hergeführt. In den Jahren 1807 und 1808 stellte sich der Werth beider Waarenarten auf resp. 2,799,000 und 2,416,000 Thaler, mithin sehr gering.

Außer den bereits vorgelegten Zahlen über den Werth der Meßgüter in den ersten Jahren des neunzehnten Jahrhunderts findet sich darüber eine Angabe in einem Berichte des Magistrats von 1809, erstattet, um die Nachtheile der Waaren-Verbote zu schildern; diese Zahlen weichen etwas von den ersten ab, sie kommen aber mit denselben in den Hauptpunkten überein, daß fremde Waaren stets in abnehmender Menge hergeführt sind und die inländischen sich auch vermindert haben. Die Archivacten sind mit Klagen der Stadt hierüber angefüllt; doch ist zu erwägen, daß nicht blos die Waarenverbote den Handel so nachtheilig beeinflußten, sondern auch die französische Continentalsperre und der unglückliche Krieg gegen Napoleon I.; es ist die Periode des tiefsten Verfalls in der Politik und des Handels.

Neben den eintönigen Klagen über den Verfall der Messen finden sich nur selten nähere Angaben über die Erfolge im Einzelnen; zu diesen gehört die Schätzung des Werths der zur Martini-Messe von 1809 gebrachten Waaren, die hier aufgenommen wird, um den Verfall darzulegen. Es sind gebracht und verkauft

	nach dem Inlande Thlr.	nach dem Auslande Thlr.	Zusammen Thlr.
ausländische Waaren . . .	117,843	166,361	284,204
inländische Waaren . . .	260,958	139,756	400,714
Zusammen	378,801	306,117	684,918

Wenige Jahre früher betrug der Werth meffentlich mindestens eine Million Thaler.

Der Druck, den das ganze Land durch die politischen Ereignisse in allen seinen Einrichtungen empfand, der Druck auf den Handel, der sich auch im Meßverkehr fühlbar gemacht hatte, forderte von der Staatsregierung: Hülfe auf neuen Wegen zu suchen. Es geschah dieses mit seltener Thatkraft und mit dem besten Erfolge. Aus dieser allgemeinen Fürsorge ensprang auch die Meß-Ordnung vom 25. Mai 1810; findet diese in der allgemeinen Landesgeschichte kaum eine Erwähnung, so war sie doch für die Messen von der höchsten Bedeutung, weil dadurch die Handelsfreiheit zugesichert wurde. Eine lange Reihe von Jahren ging aber noch darüber hin, ehe der Meßhandel auch nur die Bedeutung, wie vor dem Prohibitiv-System, wieder erlangte; von den fremden Waaren blieben bis 1814 noch die englischen Waaren ausgeschlossen und aus den überlieferten Nachrichten ergiebt sich deren Bedeutung, da nach deren Zulassung die fremden Meßgüter sich von 13,000 Ctr. schnell auf mehr als 30,000 Ctr. hoben.

Aus der Kriegeszeit, die 1812 begann, finden sich in den Acten keine näher eingehenden Nachrichten über die einzelnen Messen; erst über den Ausfall der Margarethen-Messe von 1814 liegt ein Bericht vor, der Befriedigung ausspricht, sich aber auf den auswärtigen Handel beschränkt, mit den Angaben: es wären 541 Ctr. seidene, 1069 Ctr. wollene, 3504 Ctr. baumwollene und 2387 Ctr. kurze Waaren hergebracht und hätten guten Absatz gefunden; im Allgemeinen wird auch der gute Absatz inländischer Waaren nach dem In- und Auslande erwähnt, die Nachfrage nach Tuchen sei aber geringer als zur Kriegeszeit gewesen. Es ist bemerkenswerth, daß wieder der großen Anzahl von Einkäufern aus Polen gedacht wird, 1050 Personen mit 580 Wagen und 1621 Zugpferden; es war dieses eine Folge des in der Kriegeszeit erleichterten Grenzverkehrs, der aber bald der strengsten Sperre wieder weichen mußte; es ist auch das letzte Mal, daß von diesen Meßfremden geredet wird. —

In den beiden ersten Jahrzehnten des neunzehnten Jahrhunderts sind in sehr vielen Verhältnissen bedeutende Veränderungen eingetreten, und dieses erfuhr auch der Meßverkehr, nicht blos daß derselbe sich sehr bedeutend hob, sondern auch in der Art der Waaren. Früher wurde ein hoher Werth auf Edelsteine, Gold- und Silberwaaren, Treffen, Material- und Specereiwaaren, Galanteriewaaren, Kanten, Stahl-, Eisen- und Nürnberger Waaren, Farbestoffe, Wachs,

Honig und Salpeter gelegt, diese haben ihre Bedeutung für den Großhandel auf den Messen verloren; dagegen stieg die Bedeutsamkeit aller Webestoffe und der kurzen Waaren; der Handel mit Pferden hat sich am wenigsten verändert. Die Gesetzgebung ist dieser Veränderung gefolgt und die Meßordnung vom 3. Juni 1819 bezeichnet nur noch als Meßwaaren alle Gewebe und Baumwolle, Seide und Wolle, ferner Leinwand, Leder, Pelzwerk, Metallwaaren, Steingut, Porzellan, Glas und kurze Waaren, ohne anderen Gegenständen den Zugang zu den Messen zu untersagen; nur findet auf die letzten die Meßordnung keine Anwendung. Durch die Bekanntmachung vom 18. Oktober 1831 sind andere Anordnungen wegen der Meßgüter getroffen, und ist dabei allein der Zolltarif zu Grunde gelegt, wie auch das Credit-System, ohne den Meßhandel selbst dabei in näheren Betracht zu ziehen. In Beziehung auf das Zoll-System ist letztes gewiß richtig, aber dem Gange des Meßhandels ist nicht gefolgt.

Die amtlichen Aufzeichnungen ergeben, daß vom Jahre 1820 an folgende Gegenstände für den Großhandel zu den Messen geführt worden sind, als alle Arten von Geweben aus Seide, Wolle, Baumwolle und Leinen, wobei Tuche besonders wichtig sich herausstellen, ferner Häute, Leder, Felle, Lederwaaren, Rauchwaaren, Schafwolle, Federn, Eisenwaaren, Glas, Porzellan, kurze Waaren, Holzwaaren und Federn. Die folgende Uebersicht giebt das Nähere über die wichtigsten dieser Sachen an.

Uebersicht von den Hauptgegenständen, welche jährlich zu den Messen gebracht sind, nach Ctr.-Gewicht.

Jahr	Baumwollene Waaren	Wollene Waaren	Tuche	Seidene und halbseidene Waaren	Leinwand	Leder, Felle aller Art und Pelzwerk	Kurze Waaren	Wolle	Pferde Stück	Durchschnittlich sind zu einer Messe Meßfremde anwesend gewesen	Meßverkaufslocale benutzt
1820	20,309	11,207 einschl. Tuche		3,616	10,396	9,381	7,903	3,562	3,170	3,100	—
1824	19,308	13,408	begl.	3,820	11,370	8,930	8,171	4,307	3,200	3,060	—
1830	27,718	18,684	18,207	4,623	13,868	8,371	8,035	14,336	3,900	3,252	—
1836	26,572	18,372	17,655	5,109	10,353	10,733	5,370	13,622	3,100	6,431	—
1840	76,756	40,360 einschl. Tuche		6,073	10,492	15,321	8,721	14,270	3,050	9,200	—
1850	87,123	27,128	20,148	6,233	15,669	18,300	11,197	14,485	5,400	9,003	1,943
1855	115,733	47,933	26,113	6,620	21,799	24,422	13,363	16,362	2,900	9,180	2,121
1861	107,513	59,219	30,001	4,291	24,802	23,217	11,653	8,639	3,001	8,007	2,019
1862	104,852	61,354	29,591	3,979	23,778	22,990	10,792	5,767	3,100	7,990	1,929
1863	83,410	57,550	23,765	4,757	21,941	26,450	11,764	2,921	3,200	7,549	1,827
1864	76,910	62,726	26,327	3,357	20,657	18,666	12,235	3,630	3,220	6,845	1,837
1865	70,636	56,680	32,538	2,346	21,206	12,575	10,526	4,701	3,610	6,590	2,284
1866	65,381	36,033	28,209	2,331	19,346	13,231	8,164	1,809	3,000	5,280	2,106
1867	84,306	45,251	30,347	3,153	24,378	23,026	12,535	8,145	3,700	5,104	2,013
1868	82,145	52,774	20,550	2,198	32,039	20,624	8,770	5,248	4,264	4,580	2,109
1869	84,999	53,048	32,715	1,586	21,756	26,913	8,549	4,375	3,700	4,047	2,113
1870	67,912	53,855	34,140	1,556	18,656	25,759	6,561	5,655	3,700	3,480	2,096
1871	59,218	45,665	30,238	1,173	15,139	29,904	8,212	5,552	3,600	2,940	2,006
1872	72,331	40,001	36,858	1,043	16,687	13,460	6,660	3,132	3,900	3,590	2,004
1873	68,020	40,704	38,093	1,215	13,514	16,856	7,378	3,905	3,900	3,350	2,018
1874	62,098	39,946	36,912	1,011	18,008	16,064	5,727	2,902	3,700	3,160	2,005
1875	57,926	38,118	31,389	639	14,772	13,736	5,707	1,879	3,200	2,190	1,862
1876	51,034	38,047	28,026	737	14,729	19,170	5,324	2,332	3,100	3,040	1,860

Es ist nicht gelungen die Gewichtsmengen der einzelnen Waarenarten für alle Jahre zu ermitteln, doch ist das vorgelegte Material reich genug, um einen sicheren Ueberblick zu gewähren. Nach der gemachten Durchschnitts-Berechnung von den Angaben über die zu den Messen von 1819 bis 1875 geführten Waaren, ergiebt sich, daß jährlich 206,700 Ctr. hergebracht sind, Anfangs weniger und so auch gegen Schluß dieser Periode, in der Mittelzeit aber mehr; von diesem Gesammtgewichte kommen etwa 166,200 auf die in vorstehender Nachweisung aufgenommenen acht Waaren-Gattungen, oder gegen achtzig Procent, so daß für andere Gegenstände zwanzig Procent übrig bleiben, die sich wesentlich auf Eisenwaaren, Holzwaaren, Glas, Porzellan und Federn vertheilen. Nach dem Gewichte fallen von den 166,200 Centnern

    auf baumwollene Waaren . . . . 30,5 Procent
     „ wollene Waaren 22,5   „
     „ Tuche 16,5   „
     „ Leinwand 9,5   „
     „ Felle, Leder und Rauchwaaren . 9   „
     „ kurze Waaren 5   „
     „ Wolle 4,5   „
    und „ seidene Stoffe 2,5   „

Diese Berechnung bezieht sich blos auf das Gewicht, nicht auf den Geldwerth der Gegenstände, der überhaupt so schwankend ist, daß sich darüber nicht einmal annähernd gute Nachrichten geben lassen; die Handelsspeculationen greifen zu tief ein. Aus der vorstehenden Uebersicht ergiebt sich ferner, daß, einschließlich der Tuche, der Handel mit wollenen Stoffen von jeher der umfangsreichste auf den Messen war und dann erst die baumwollenen Waaren folgten; es ist hinzuzufügen, daß wesentlich die Zufuhr von Tuchen bisher nicht abgenommen hat, wie es doch bei anderen Gegenständen der Fall ist; es wird dieses wohl dem beizumessen sein, daß die Tuchmacherei im Großen und Kleinen in weiter Umgegend in Blüte steht und zu den ältesten Gewerben der Mark und der Lausitz gehört; die Nähe des Meßorts und der leichte unmittelbare Landtransport werden wohl dahin gewirkt haben, daß die Tuche in alter Weise hergeschafft werden und die Messen noch als die geeignetsten Absatzorte erscheinen.

Die in den Akten aufbewahrten Nachrichten über den Ausfall der einzelnen Messen, nach Einführung des Zollgesetzes von 1818, sind während langer Jahre nicht eingehend; es wird nur allgemein mehr oder weniger Befriedigung ausgesprochen, doch meist Befriedigung, weil die Geschäfte von Jahr zu Jahr zunahmen, sowohl mit inländischen als ausländischen Waaren. Diese Vermehrung entsprang theils aus dem Aufblühen des inländischen Gewerbefleißes, theils aus der Zunahme des Intermebiär-Handels mit dem fernen Osten und selbst nach Amerika; der Frieden mit allen Staaten hielt die Handelswege offen. So stieg im Laufe der ersten zehn Jahre die Menge der inländischen Waaren von 57,000 Ctr. auf 118,000 Ctr. und der ausländischen von 19,000 Ctr. auf 53,000 Ctr. und gewiß auch verhältnißmäßig der Verkauf; unter den Letzten werden besonders englische baumwollene Waaren und Tuche hervorgehoben, unter den französischen: die seidenen Stoffe. Das Jahr 1831 zeichnet sich durch die große Menge der fremden Waaren aus, nie sind früher oder später solche Mengen zu den Messen gebracht; es wird dieses wesentlich der übergroßen Production in England zugeschrieben; Zwischenhändler aus Hamburg führten die Waaren meist her, von denen ein Theil nach den russischen Ländern und der Türkei abgesetzt worden ist.

In den folgenden langen Friedensjahren zeigte sich andauernd eine Vermehrung der inländischen und eine Verminderung der ausländischen Waaren. Die Minderung darf aber nicht auf einen geringeren Verbrauch der fremden Stoffe zurückgeführt werden, sondern es wandten sich die Händler mehr nach Leipzig hin, wo angesehene Kaufleute ihre Zoll-Conten auch dem Meßhandel eröffneten, was in Frankfurt nicht stattfinden konnte, wo Waarengeschäfte en gros nicht vorhanden sind; für den leipziger Meßhandel sind schon von 1846 an die Contirungen von besonderer Wichtigkeit gewesen. Die Jahre 1848 und 1849 zeichnen sich durch die verminderte Waarenzufuhr aus; es war die Zeit des Ausbruchs der großen französischen Revolution, die Vertreibung des Königs Louis Philipp, die Einführung der Republik, an welche sich die längst keimenden Unruhen in Deutschland anschlossen und Alles tief erschütterten. Solche hochwichtigen politischen Ereignisse äußern stets ihren Einfluß auf den Handel, das Vertrauen sinkt und damit auch der Verkehr auf den Messen. Die Grausamkeiten, welche die früheren Kriege in ihrem Gefolge hatten, waren jetzt nicht mehr zu überwinden, weshalb sich denn auch der Meßhandel bald wieder hob und selbst nach wenigen Jahren die größte Höhe erreichte.

Vom Jahre 1850 wird bemerkt, daß die Zwischenhändler inländischer Fabrikate mehr zurücktreten, dagegen die Fabrikanten selbst Proben ihrer Waaren zur Messe brachten und so den Handel vermittelten, besonders in seidenen Stoffen, was sich auch erhalten hat.

In den Jahren 1854 und 1855 sind die größten Waarenmengen hergeführt, die je am Platze waren, welches besonders der höheren Entwickelung des inländischen Gewerbefleißes beigemessen wird, dann dem steigenden Bedürfnisse und dem günstigen Handel nach dem Auslande. Von den Messen des Jahres 1855 ist im Einzelnen zu bemerken, daß hergeführt wurden zur Messe

Reminiscere — 101,000 Ctr. inländische u. 1,700 Ctr. fremde Waaren
Margarethe — 106,000 " " " 2,000 " " "
und Martini — 92,000 " " " 1,800 " " "

Ferner waren messentlich anwesend 9,000 — 10,000 und 8,500 Fremde, welche 2032 — 2100 und 2032 Verkaufslokale benutzten. Als verkauft wird angenommen: für die erste Messe mehr als zwei Drittel des Bestandes, für die zweite: über drei Viertel und für die letzte aber nur sechs Zehntel. Die Erwartungen für die Reminiscere-Messe waren nicht groß, weil eine allgemeine Theuerung herrschte und der Krieg zwischen Rußland und der Türkei auszubrechen drohte, umsomehr erfreute der Erfolg. Die Margarethen-Messe wird wohl die Beste gewesen sein, die je abgehalten ist, nie ist der Verkauf reichlicher ausgefallen; es sind nie so viele Fremde in Frankfurt versammelt gewesen, nicht blos aus den Zollvereins-Staaten, sondern auch aus Rußland, Bulgarien, Italien, Türkei, Holland, Dänemark, Schweden, Amerika und Australien; man wird dadurch an den Meßbesuch der früheren Jahrhunderte erinnert. Inzwischen war der befürchtete Krieg ausgebrochen und zeigte seinen Einfluß auf die Martini-Messe, wo der Verkauf minder befriedigend ausfiel.

Von 1856 an machte der Verkehr auf den Eisenbahnen immer mehr seinen nachtheiligen Einfluß auf die Messen geltend, wie dieses schon ausgeführt. —

Ueber den Ausfall der noch folgenden Messen läßt sich nur wenig hinzufügen; sie haben sämmtlich dasselbe Gepräge, der Verkehr mindert sich. Während der Messen von 1864 und 1865 wird die verminderte Zufuhr der baumwollenen Waaren dem Mangel an roher Baumwolle zugeschrieben; 1866 wirkte der Krieg zwischen Preußen und Oesterreich ungünstig ein, die Margarethen-Messe war besonders still. Der bald folgende Frieden hob 1867 die Geschäfte wieder und besonders befriedigend ist die Reminiscere - Messe verlaufen, wozu der wirkliche Bedarf die Veranlassung gab; die Speculations-Einläufe traten mehr zurück. 1869 wurde, nach Beschluß der Zollvereins-Staaten, der geringe Meßrabatt für fremde Waaren aufgehoben, was den unerwarteten Erfolg hatte, daß sofort die Zufuhr dieser Gegenstände sich minderte und jetzt zur Unbedeutenheit herabgesunken ist.

Im Jahre 1870 und besonders 1871 äußerte der Krieg mit Frankreich wieder seinen nachtheiligen Einfluß, in wie weiter Ferne derselbe auch geführt wurde. Der europäische Handel ist immer mehr zu einem Ganzen verwachsen und das Leid, welches ein Theil zu tragen hat, wird von allen Theilen mit empfunden. Ueberhaupt sind die letzten fünf Jahre dem Handel nicht günstig gewesen wegen der vielen übertriebenen und fehlgeschlagenen Speculationen in allen Geschäftszweigen und durch Ueberproduction; doch dieses gehört der allgemeinen Handelsgeschichte an, wenn auch der kleine Kreis der frankfurter Messen in soweit davon betroffen wurde, daß auch hierdurch der Geschäftsumfang sich verminderte.

Zur Erleichterung des Verkehrs mit fremden Waaren und so auch des Meßverkehrs, wurde 1872 eine Zollabfertigungs-Stelle auf dem frankfurter Bahnhofe errichtet. 1873 wurden die Beiträge zu den Meßunkosten von resp. 5 und 2 Sgr. vom Centner auf einen Silbergroschen herabgesetzt, was aber keinen Einfluß auf den Verkehr äußerte. Wie schon angeführt, ist 1877 diese Abgabe ganz aufgehoben.

Die Messen des Jahres 1874 brachten 210,000 Ctr. vereinsländische und nur 480 Ctr. fremde Waaren; Letzte stammten aus Frankreich (Seidene), aus der Schweiz (baumwollene Gardinen) und England (meist Tuche); von den inländischen Stoffen waren hergeführt: 137,000 Centner aus den östlichen preuß. Provinzen,

11,430 Ctr. aus den westlichen; aus dem Königreich Sachsen kamen 43,230 Ctr., so daß aus allen andern Vereinsstaaten nur 17,500 Ctr. herstammten. Sachsen, mit einer Bevölkerung von 2,760,000 Einwohnern, tritt hier durch seine Gewerbethätigkeit hervor. Die Jahre 1875 und 1876 unterscheiden sich von den Vorjahren nur dadurch, daß der Druck, der auf dem Handel ruht, noch fühlbarer geworden ist. Es verminderten sich die Waarenzufuhren und die Anzahl der Meßfremden. Dagegen wurde die Hülfe der Bank mehr in Anspruch genommen; in gewöhnlichen Jahren beliefen sich die Meßgeschäfte auf zwölf Millionen Mark und in den letzten Jahren stiegen sie auf mehr als dreizehn bis vierzehn Millionen Mark, ungeachtet der beschränkteren Geschäfte; das baare Geld wurde möglichst zurückgehalten. —

Der Uebersicht von den Hauptgegenständen, die zu den Messen gebracht wurden, sind zwei Spalten beigefügt, die nach einer Durchschnittsberechnung angeben, wie viele Fremde die einzelnen Messen besucht haben und wie viele Verkaufsstellen messentlich benutzt sind; es finden sich darüber aber erst in der neueren Zeit vollständigere Aufzeichnungen. Aus dem Mitgetheilten ergiebt sich jedoch, daß die Zahl der Fremden in annähernder Weise sich mehrt und mindert wie die Menge der Waaren, es werden ja auch Beide durch den Gang des Handels bedingt. Als im Jahre 1820 messentlich gegen 20,000 Ctr. Waaren hergeführt wurden, erschienen 3,100 fremde Einkäufer und Verkäufer; 1830 fanden sich über 3,200 Fremde ein und waren 57,000 Ctr. Waaren am Markte; die Zahl der Handeltreibenden hatte sich vermehrt, doch nicht in gleichem Maaße wie die Waaren, es müssen daher die Einzelnen umfangreichere Geschäfte gemacht haben, besonders dadurch, daß die Verkäufer größere Waaren-Vorräthe mitbrachten; eine Wahrnehmung, die sich später wiederholte. Im Jahre 1840 sind 78,000 Ctr. Waaren und 8,300 Fremde ermittelt; 1850 etwa ebensoviel Waaren und 9,000 Fremde; in dem Hauptjahre 1855 kommen auf 100,000 Ctr. Waaren 9,180 Fremde. Dann tritt für Beide eine Verminderung ein; 1861 waren nur 8,000 Fremde und 96,000 Ctr. am Platze, 1879 nur 77,000 Ctr. und 1875 nur 60,000 Ctr. und 2,190 Fremde.

Die Zahl der benutzten Meßlokale gewährt keinen solchen Einblick in den Umfang der Geschäfte, sie schwankt nur zwischen 1827 und 2113 Stellen; auch waren bei großen Waaren-Vorräthen einzelne Verkäufer genöthigt, mehr als ein Lokal anzumiethen. Auch diese Einzelnheiten über den Waaren- und Menschen-Verkehr auf den Messen bestätigen das schon früher Gesagte: Der Handel steht im innigsten Zusammenhange mit Krieg und Frieden, mit der Gesetzgebung und in neuester Zeit ganz wesentlich mit den Transportmitteln. Die Handelskrisen machen sich auch mitunter im Meßverkehre bemerkbar, indem sie das Angebot vermehren, die Kauflust aber beschränken, daher eine geringere Messe herbeiführen können; die Handeltreibenden sind aber nur Fremde und verlassen nach wenigen Tagen den Ort. Die Arten der eigentlichen Meßwaaren haben im Laufe der Zeit sich beschränkt, doch nicht weil die Bedürfnisse der Menschen sich verändert oder beschränkt haben, das ist nicht der Fall, vielmehr hat der Luxus die Bedürfnisse vermehrt. Die Verminderung der Arten ist nur eine Folge davon, daß der Großhandel sich stets mehr des Meßhandels bemächtigt hatte und dieser nur der Gegenstände bedarf, die ein allgemeines Bedürfniß sind, die im Welthandel Bedeutung haben und deßhalb in großen Mengen dargeboten werden müssen. Dem Klein- und Lokalhandel sind daher viele Gegenstände zugefallen, welche früher auch dem Meßhandel dienten und dem Luxus auch angehören. Der Großhandel wird auf beiden Seiten wesentlich durch Zwischenhändler betrieben, der Kleinhandel dient dem persönlichem Bedürfnisse, und wird er auf den Messen betrieben, dann gehört er dem gewöhnlichen Jahrmarktsverkehre an. —